［金融機関のための］

サイバーセキュリティとBCPの実務

NTTデータ経営研究所
大野博堂［著］

一般社団法人金融財政事情研究会

はじめに

「おや、金融庁のホームページのファイルにアクセスできないぞ」

２０１６年1月18日早朝のことだった。筆者の所属する部門の担当者がこう呟いた。筆者も仕事柄、金融庁ホームページのファイルは毎日閲覧していることから、筆者自身もアクセスを試みた。やはり、ファイルを開くことができない。金融庁に確認したところ、外部からＤＤｏＳ攻撃を受けたとのことで、早朝からアクセスができない状況にあるとのことであった。報道などによれば、金融庁では回線を2経路用意しており、１つの回線が攻撃を受けても、残りの回線による運用が可能な環境を用意していたとされる。今回の事案では、まず１つ目の経路が攻撃され、残った回線も再び攻撃にさらされてしまったため、回線事業者が外部との接続を物理的に遮断したことにより、同日15時以降は多くのファイルが閲覧不可能となったようだ。

では、今回の事案は金融庁の防御策が有効でなかったために生じたのであろうか?

否である。原始的な攻撃手法であるＤＤｏＳ攻撃を防ぐ確実な手段が世に存在しないためだ。もちろん、一部企業による分散サーバを利用した対応手法はあるものの、導入コストや運用コストがかさむ。物理的な対処が困難である以上、このようなケースではバックアッププランの検討といった善後策へとすみやかに態勢を移行することが必要となる。

「サイバーセキュリティ対策の多くはＩＴベンダーに依存するしかない」と半ば諦めのように口にする金融機関担当者も多いのが事実だ。これは、技術的対処がサイバーセキュリティ対策の要諦であるとの認識に立ったものだが、はたしてそうなのだろうか。

先ほどの金融庁の事例では当日の早い段階で事案を見極めたうえで、各業界団体に対してすみやかにインシデントに関する報告をするなど、その後の動きはきわめて迅速に進められた。金融庁のケースでわれわれが理解しなければならないのは、確実な防御策の事前検討はいうに及ばず、攻撃を受けた後の対応手順について内外連携をふまえて定義し、すみやかに実行に移すための対応態勢の整備が何よりも重要、ということだ。本書は、金融機関自らが現実的に対応可能なサイバーセキュリティ対策を示すことで、「ITベンダーに任せるしかない」といった思考停止状態から脱却することを目的としている。また、金融庁ではサイバーセキュリティ対策をIT‐BCP（CP）にのっとって策定することを要請している。そこで、本書では、IT‐BCP（CP）のほか、BCPについてもその要諦を示すとともに、策定手法および有効な演習モデルについても解説する。

すでに世には情報セキュリティや技術の専門家の方々から物理的対処を中心とした有意な専門書が数多く出版されている。そこで、本書では、サイバー攻撃への物理的防御策を中心とした技術解説などについては他の書物に委ねるものとし、金融機関の経営管理部門やシステム部門に所属される方々の参考情報として資することを目的に「非技術的対処」にフォーカスすることとしたい。

2016年7月

大野　博堂

【著者略歴】

大野　博堂（おおの　ひろたか）

株式会社ＮＴＴデータ経営研究所　パートナー　金融政策コンサルティングユニット　本部長

早稲田大学卒業後、ＮＴＴデータに入社し、デリバティブ取引評価システム等の企画に従事。その後、大蔵省大臣官房総合政策課に出向し、金融マーケットを中心としたマクロ経済分析を担当するとともに、国会対応を経験。

ジャスダック上場企業の取締役経営企画室長を経て、２００６年より現職。

金融マーケットを中心としたマクロ経済分析に加え、金融分野の政策・レギュレーション対応、地域活性化などを中心にコンサルティング活動に従事している。

著書に『金融機関のためのマイナンバーへの義務的対応＆利活用ガイド』（共著、金融財政事情研究会、２０１５）

目　次

第1章　サイバーセキュリティへの対応に向けた視点

第２章　ＢＣＰ個別対応手順の策定手法

第3章 サイバーセキュリティ演習を念頭に置いたBCP訓練の実装実務

第1章

サイバーセキュリティへの対応に向けた視点

1

多発するインターネットバンキングにおける不正送金と技術的対処

金融機関のインターネットバンキングにおける2015年上半期の不正送金の発生状況をみると、前年下半期に比べて個人における不正送金被害額が倍増するなど、喫緊の課題となっている（図1）。

具体的には、顧客のIDやパスワード、暗証番号といったアカウント情報が第三者によって取得され、不正な資金移動などにより被害を受ける、といったケースが中心だ。

手口は2つのケースに大別される。1つは顧客を不正なサイトへ誘導し、当該画面上で顧客がIDやパスワードを入力することで、顧客のアカウント情報を不正に取得するといったもの。これは、事前に顧客宛てに「お知らせ」「緊急対応のお願い」などと称したURL付きのメールを送付し、URLをクリックさせることが入り口となっている。メールの文面にはきわめて巧妙な文句が並べられており、自然とクリックさせるような仕掛けが用意されている。クリックすると、実際の金融機関の取引画面に酷似した画面が表示され、専門家であっても画面上の情報のみで真偽を判断することは困難だ。ただし、ツールバー上で表示されるURLが実際の金融機関のものとは異なる場合が多く、注意深く観察することで被害は回避できる。これがいわゆる「フィッシング」あるいは「フィッシング詐欺」と呼ばれる手口である。アカウント情報が盗まれてしまった場合、本物の金融機関のサイトで顧客情報を入力さえすれば、不正な資金移動が可能となってしまう。

もう1つは、顧客のシステム環境を半ば乗っ取ることで不正な資金移動を行うケースである。インターネットの特定のページにあらかじめウィルスを潜り込ませてファイルなどを仕掛けておき、これを顧客にダウンロードさせることで、顧客のパソコンなどのシステム環境に入り込む。ウィルスは、インターネットバンキングなどを目的に顧客がパソコンを操作しようとすると、ポップアップなどによりIDやパスワードといったアカウント情報の入力を求めたり、偽のインターネットバンキング入力画面を表示させたりする。後者の場合は、本物とうり二つの取引画面でありながら、実際は顧客が入力した情報と異なる情報が裏で定義されるケースが多い。具体的には、顧客は本来正しい「A銀行のオオノさんの口座に10万円振り込む」と入力したにもかかわらず、裏では「B銀行のカトウさんの口座に100万円振り込む」といったように、入力情報が改ざんされてしまっている。だが、画面上表示されている情報と実際の振込先指定情報が異なることから、その場で顧客が不正な資金移動の被害に遭っていることを認知することは困難だ。

　このように巧妙かつ高度な技術を用いたインターネットバンキングなどでの不正取引に対し、金融機関およびITベンダー側は技術的対策を施しつつある。

　たとえば、多くの金融機関向けにインターネットバンキングのサービスを提供しているNTTデータでは、図2のよう

図1　インターネットバンキングにおける不正送金の被害額

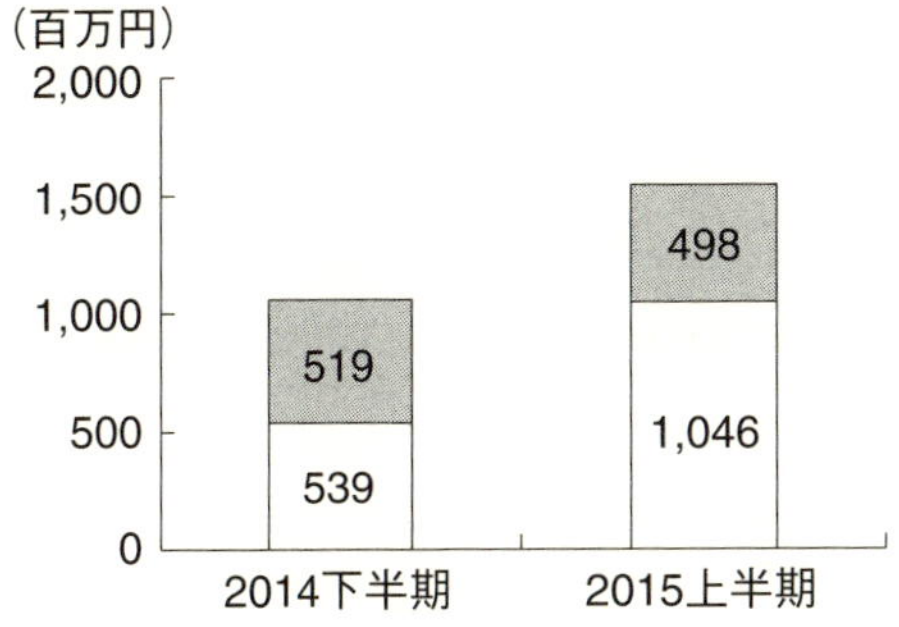

インターネットバンキングにおける
不正送金の被害額は上昇傾向

（出典）警察庁「「平成27年上半期のインターネットバンキングに係る不正送金事犯」の発生状況等について」

図2　NTTデータにおける不正送金対策への取組み

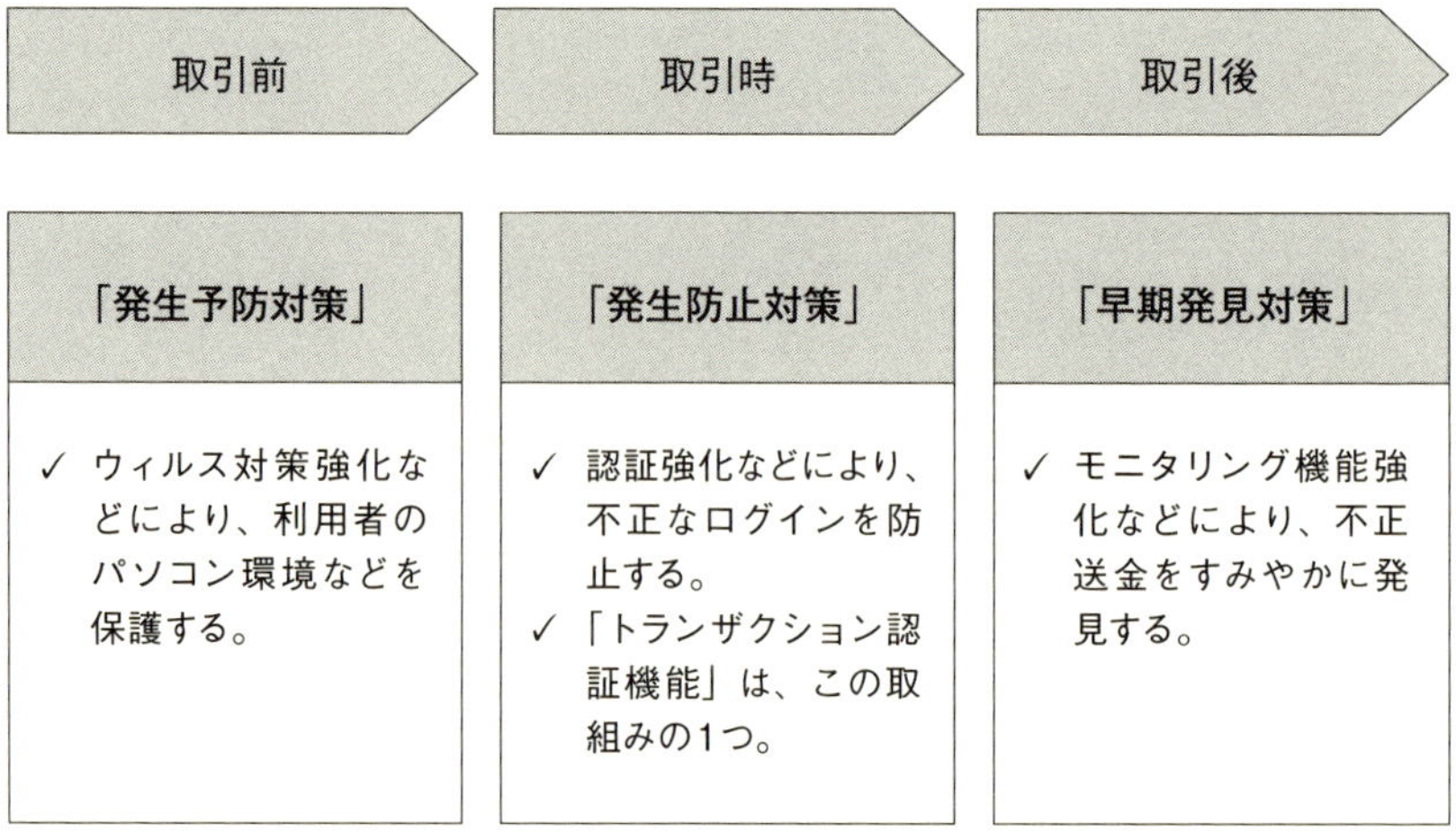

取引前
取引時
取引後
「発生予防対策」
✓ ウィルス対策強化などにより、利用者のパソコン環境などを保護する。
「発生防止対策」
✓ 認証強化などにより、不正なログインを防止する。
✓ 「トランザクション認証機能」は、この取組みの1つ。
「早期発見対策」
✓ モニタリング機能強化などにより、不正送金をすみやかに発見する。

（出典）　NTTデータのプレスリリース

に、これまで取引前、取引時、取引後の3つの視点から不正送金対策を行ってきた。直近で同社は、「トランザクション認証機能」（図3）をリリースしているが、これは取引時における不正送金発生防止対策の1つとなっている。

ワンタイムパスワード認証では防ぎきれない「取引内容の改ざん」を検知し、不正送金の発生を防止するワンタイムパスワード認証との併用により、「不正ログイン防止」と「取引内容の改ざん防止」の両面を実現しているのが特徴だ。インターネットバンキング上の送金時において、入力された取引内容をインターネットバンキング画面上（パソコン等）に加えて利用者の手元にあるスマホ上にも表示し、パソコンで表示される画面とスマホに表示される画面の取引内容を比較してもらうことで、悪意の第三者が表示した偽画面か否かの確認を行う。これにより利用者は目視によって簡単に取引内容の改ざんを検知することができる。

このような技術的対処に加え、すでに各ITベンダーや

図3　NTTデータにおけるトランザクション認証機能の概要

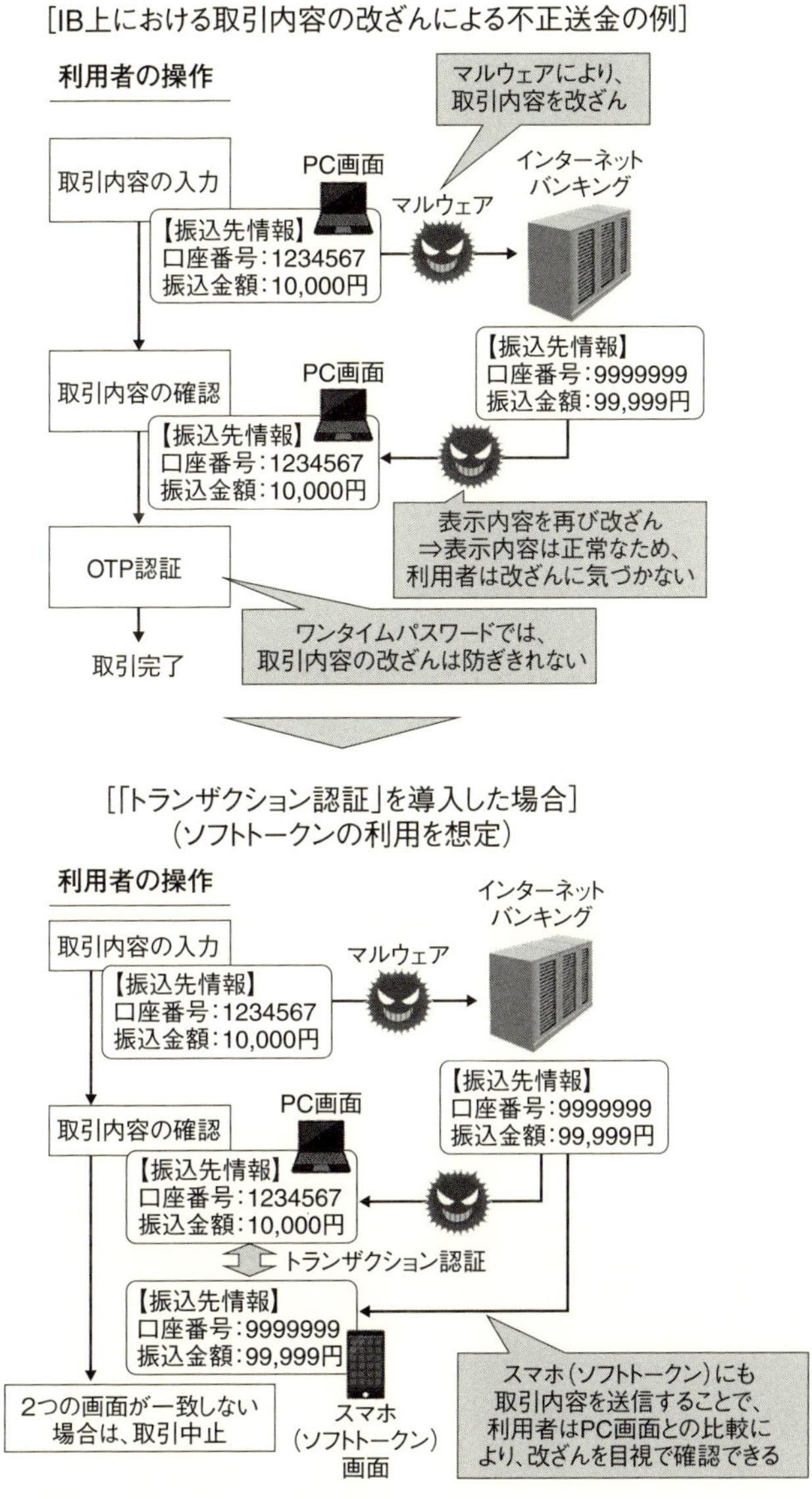

(出典)　NTTデータのプレスリリース

図4　サイバーセキュリティ診断サービスの例

評価対象	想定リスク	チェック概要
プラットフォーム	権限奪取、ファイル／データ破壊・改ざんなど	サーバやネットワークに侵入し、安全性や堅牢性を検証
WEB環境	偽画面表示、なりすまし、個人情報漏えい	メールや偽画面などを表示してユーザを誘導することで、WEB上で保有データが漏えいしたり、重要なサービスが停止するリスクを評価
データベース	権限奪取、ファイル／データ破壊・改ざんなど	外接系インタフェース、接続チャネル、アクセス権限などを調査し、データベースそのものだけではなく、外部からの脅威を評価
アプリケーション	端末に保管された重要情報などの漏えい	暗号化モデル／手法や類似アプリケーションからの侵入可能性などを確認することで、アプリケーション単体のリスクを評価
プログラムコード（ソース）	意図的に組み込まれたバックドアなどによる侵入	プログラムのソースコード自体を確認することで、内部者が意図的に組み込んだバックドアなどの探索を行い、脆弱性を評価

専門機関からは、サイバーセキュリティ対策としての「診断サービス」や、スマホなどのソフトトークンを利用した新たな認証機能が提供されるなど、金融機関側の需要にあわせた各種サービスが提供されている。たとえばサイバーセキュリティ診断としては、金融機関のシステム環境を外部から疑似的に攻撃しセキュリティホールを特定する、などの技術的評価を中心としたサービスのほか、金融機関のシステム部門などへのヒアリングや現状の環境・リソース分析などを通じ、外部からの攻撃に耐えうる対応態勢が整備されているかをチェックする、といったサービスが提供されている（図4）。

2 サイバーセキュリティとサイバーセキュリティ対策

そもそもサイバーセキュリティとはどのように定義されたものだろうか。

サイバーセキュリティ基本法では、サイバーセキュリティを次のように定義している。

電子的方式、磁気的方式その他人の知覚によっては認識することができない方式により記録され、又は発信され、伝送され、若しくは受信される情報の漏えい、滅失又は毀損の防止その他の当該情報の安全管理のために必要な措置並びに情報システム及び情報通信ネットワークの安全性及び信頼性の確保のために必要な措置（情報通信ネットワーク又は電磁的方式で作られた記録に係る記録媒体を通じた電子計算機に対する不正な活動による被害の防止のために必要な措置を含む。）が講じられ、その状態が適切に維持管理されていることをいう。

わかりにくい表現だが、要約すればサイバーセキュリティとは「情報システム及び情報通信ネットワークの安全性及び信頼性の確保のために必要な措置が講じられ、その状態が適切に維持管理されている」状態を指している。

すなわち、情報システムなどの「安全性及び信頼性の確保」が目的であって、サイバー攻撃への備え、などといった表現は用いていないことがわかる。つまり、サイバーセキュリティとは、サイバー攻撃に備えることを指す用語ではないのだ。

ところが最近では、「サイバーセキュリティ」イコール「情報システムへのサイバー攻撃への備え」といった理解をされる方が多いのではないだろうか。「サイバーセキュリティ」という単語からわれわれは自然と「サイバー攻撃」を想起してしまっているということにほかならない。なお、サイバー攻撃とは、情報システムが攻撃を受け通信制御が困難となったり、プロセス処理が遅延したりするなどして、通常業務の遂行に影響を与えるもの、ととらえることができる。外部からの不正なログインなどによる情報搾取などもこれに含まれる。また、攻撃者に着目すると、外部の第三者による行為と、内部者による行為とに峻別することができる。

3

経済産業省が公表したサイバーセキュリティ経営ガイドライン

2015年12月28日、経済産業省商務情報政策局情報セキュリティ政策室から「サイバーセキュリティ経営ガイドライン」が公表された。企業経営者にとっては、サイバー攻撃の脅威に備える際の費用のほか、いかなる態勢で臨むべきか、といった点で悩みは尽きない。経済産業省は、独立行政法人情報処理推進機構（IPA）とともに、ITシステムやサービス等を供給する「企業及び経営戦略上ITの利活用が不可欠である企業の経営者」を対象にサイバーセキュリティ対策を推進するためのガイドラインとしてこれを位置づけている。ガイドラインでは、サイバー攻撃から企業を守る観点で、経営者が認識する必要のある「3原則」（図5）、および経営者が情報セキュリティ対策を実施するうえでの責任者（情報統括責任者等）に指示すべき「重要10項目」（図6）を定義しているほか、技術的対策の具体的な事例についても紹介しており、参考資料として有意なものとなっている。

サイバーセキュリティ経営の3原則では、まず経営者自らがサイバーセキュリティリスクを認識すること、ま

図5　サイバーセキュリティ経営の3原則

原則	経済産業省・IPAによる解説
(1)　経営者は、IT活用を推進する中で、サイバーセキュリティリスクを認識し、リーダーシップによって対策を進めることが必要	✓セキュリティ投資に対するリターンの算出はほぼ不可能であり、セキュリティ投資をしようという話は積極的に上がりにくい。 ✓また、サイバー攻撃などにより情報漏えいや事業継続性が損なわれるような事態が起こった後、企業として迅速かつ適切な対応ができるか否かが会社の命運を分ける。 ✓このため、多様な経営リスクの中での一つのリスクとして、サイバーセキュリティリスクを経営リスクの中に適切に位置づけ、その対応について組織の内外に対応指針を明確に示しつつ、経営者自らがリーダーシップを発揮して経営資源を用いて対策を講じることが必要である。その際、変化するサイバーセキュリティリスクへの対応や、被害を受けた場合の経験を活かした再発防止も必要である。
(2)　自社は勿論のこと、系列企業やサプライチェーンのビジネスパートナー、ITシステム管理の委託先を含めたセキュリティ対策が必要	✓サプライチェーンのビジネスパートナーやITシステム管理の委託先がサイバー攻撃に対して無防備であった場合、自社から提供した重要な情報が流出してしまうなどの問題が生じうる。 ✓自社のみならず、サプライチェーンのビジネスパートナーやITシステム管理の委託先を含めたセキュリティ対策を徹底することが必要。
(3)　平時及び緊急時のいずれにおいても、サイバーセキュリティリスクや対策、対応に係る情報の開示など、関係者との適切なコミュニケーションが必要	✓事業のサイバーセキュリティリスクへの対応等に係る情報開示により、関係者や取引先の信頼性を高める。 ✓万一サイバー攻撃による被害が発生した場合、関係者と、平時から適切なセキュリティリスクのコミュニケーションができていれば、関係者や取引先の不信感の高まりを抑え、説明を容易にすることができる。また、サイバー攻撃情報（インシデント情報）を共有することにより、同様の攻撃による他社への被害の拡大防止に役立つことを期待できる。 ✓事業のリスク対応として平時から実施すべきサイバーセキュリティ対策を行っていることを明らかにするなどのコミュニケーションを積極的に行うことが必要である。

（出典）　経済産業省公表資料

図6　サイバーセキュリティ経営の重要10項目

対象	経済産業省・IPAが定義する重要10項目
リーダーシップの表明と体制の構築に関するもの	①　サイバーセキュリティリスクの認識、組織全体での対応の策定 ②　サイバーセキュリティリスク管理体制の構築
サイバーセキュリティリスク管理の枠組み決定に関するもの	③　サイバーセキュリティリスクの把握と実現するセキュリティレベルを踏まえた目標と計画の策定 ④　サイバーセキュリティ対策フレームワーク構築（PDCA）と対策の開示 ⑤　系列企業や、サプライチェーンのビジネスパートナーを含めたサイバーセキュリティ対策の実施及び状況把握
リスクを踏まえた攻撃を防ぐための事前対策に関するもの	⑥　サイバーセキュリティ対策のための資源（予算、人材等）確保 ⑦　ITシステム管理の外部委託範囲の特定と当該委託先のサイバーセキュリティ確保 ⑧　情報共有活動への参加を通じた攻撃情報の入手とその有効活用のための環境整備
サイバー攻撃を受けた場合に備えた準備に関するもの	⑨　緊急時の対応体制（緊急連絡先や初動対応マニュアル、CSIRT）の整備、定期的かつ実践的な演習の実施 ⑩　被害発覚後の通知先や開示が必要な情報の把握、経営者による説明のための準備

（出典）　経済産業省公表資料

た、自らのリーダーシップによって対策を進めることが必要としている。これは、セキュリティ対策に要する投資に対するリターンの算出が困難であることを背景に、担当レベルを起点とするボトムアップによる手法ではセキュリティ投資に向けた内部エスカレーション機能が発揮されにくいことが理由となっている。また、経済産業省では、サイバー攻撃などにより情報漏えいや事業継続性が損なわれるような事態には、企業として迅速かつ適切な対応ができるか否かが会社の命運を分ける、と解説しており、多様な経営リスクのなかでのサイバーセキュリティリスクの適切な位置づけを要請している。またその対応についても、組織の内外に対応指針を明確に示しつつ、経営者自らがリーダーシップを発揮して経営資源を用いて対策を講じることが必要、としている。

次に、自社のみならず、系列企業やサプライチェーンのビジネスパートナー、システムの委託先たるITベンダーを含めたサイバーセキュリティ対策が必要としている。これは、自社が仮に完璧なサイバーセキュリティ対策を施すだけではなく、ITシステムの接続先や連携すべきITベンダー側の対応がなおざりになっていた場合に起こりうる事象への対応をも見据えたものだ。

そのうえで経済産業省では、関係者との適切なコミュニケーションや日頃の双方の情報開示の必要性を訴えている。これは、平時のみならず、緊急時を想定した相互の情報連携態勢を強固に構築することで、万一サイバー攻撃による被害が発生したとしても、関係者や取引先との信頼に基づく対応が可能となり、他社への被害拡大防止に寄与することを期待したものだ。

他方、サイバーセキュリティ経営の重要10項目については、社内に対する経営者の指示事項を明示したものとなっている。全体的に「サイバーセキュリティ経営の3原則」を現場レベルにブレークダウンした内容となっているが、なかでも「リスクを踏まえた攻撃を防ぐための事前対策」として、⑥では予算や人材などの資源の確保、⑦ではITシステム管理の外部委託範囲の特定と当該委託先のサイバーセキュリティ対策の徹底を求めている。同様の視点でサイバー攻撃を受けた後の対応態勢についても整備を求めており、⑨では緊急時の対応態勢の整備が重要だとしており、緊急連絡先や初動対応マニュアル、CSIRTの設置、定期的な演習の実施を求めるべき、としている。また⑩では、被害発覚後の通知先や開示が必要な情報の把握、経営者による社内外への説明のための準備が必要だとしている。

経済産業省による「サイバーセキュリティ経営ガイドライン」は、個別項目ごとに対策を怠った場合のシナリオを提起し、有事の際の対応への備えを喚起している。たとえば、サイバーセキュリティリスク管理体制の構築に関しては、対策を怠った場合のシナリオの1つとして「CISO等が任命され、権限を付与されていないと、技術的観点と事業戦略の観点からサイバーセキュリティリスクをとらえることができない。仮にサイバー攻撃を受け、事業の継続性に支障が生じるようなシステム停止等の判断が必要な局面において、経営者レベルでの権限が付与されていないと、適時適切な対応ができない。また、責任の所在が不明となる」といったように、きわめて明解に想定シーンを分解し参考掲記するなど、理解しやすい表現形式をとっている。そのうえで、前記命題の対応例としては「CISO等には、組織の事業戦略を把握するため取締役会への参加及び緊急時のシステム停止等の経営者レベルの権限を付与することを検討する」といった対策例を示している。とりわけ、サイバー攻撃を受けた後の緊急時における対応要件や内外連携先との連携手順などを検討するうえでの参考として活用すべきだろう。

4 日本シーサート協議会によるセキュリティインシデントの情報共有

CSIRT（Computer Security Incident Response Team）は、コンピュータセキュリティに係るインシデントに対処するための組織の総称である。

ＣＳＩＲＴは金融機関にとどまらず広く一般企業にも設置される組織であり、サイバー攻撃などの事例を含む外部情報、コンピュータの脆弱性に係る情報、サイバー攻撃に係る予兆情報などを常設組織として収集・分析し、インシデント発生に備えた対応方針の検討、手順策定などを担う。しかしながら、サイバー攻撃などの複雑化・高度化により、単独のＣＳＩＲＴによる対応には限界が生じてきた。さらに、従前のように愉快犯のようなシステム攻撃にとどまらず、経済的利益を目的とした攻撃へとシフトする傾向が顕著となってきた。そこで、外部からのサイバー攻撃に適切に対処することを目的に、異なる企業のＣＳＩＲＴ間での密な連携の実現により、有意情報を互いに収集し、共有することが求められてきた。これを背景に２００７年３月に設立されたのが日本コンピュータセキュリティインシデント対応チーム協議会（日本シーサート協議会）である。メーカー、通信キャリア、ＩＴベンダーのみならず多くの一般企業の参加により、２０１６年３月時点で１２０チームを超える組織規模となっている。日本シーサート協議会では、国内のＣＳＩＲＴ間における各種情報共有・連携を図るだけではなく、企業が新たに組織内でＣＳＩＲＴを設置する際の支援をも実施している。

5 金融ＩＳＡＣによるサイバーセキュリティ対策の標準化への取組み

民間組織でもサイバーセキュリティ対策の標準化への取組みが始まっている。２０１４年８月に設立された一般社団法人金融ＩＳＡＣは、高度化するサイバー攻撃への対応態勢を金融業界として整えることを目的に、フィッシング被害、不正送金被害、APT攻撃（Advanced Persistent Threat：高度化された標的型攻撃）、DDoS攻撃、ゼロデイ攻撃（Zero Day：コンピュータなどの脆弱性に着目し、脆弱性が解消されるまでの期間に的を絞った攻撃）の脅威等のサイバーセキュリティ対策に関する情報を、会員である金融機関で共有し、業界をあげて、攻撃への対応態勢を整えることを目的に設立された法人だ。国内に事業拠点がある銀行、証券、生損保、カード会社のほか、一部の専門機関なども加盟している。

金融ISACでは「コレクティブインテリジェンス」と「リソースシェアリング」の2つを情報共有の仕組みや共有基盤として打ち出している。これにより、特定の金融機関で生じたインシデントを他の金融機関でも共有することで、類似性の高い事案への対処能力を高める効果のほか、共通課題を複数の金融機関が共同で対応することで、より密な金融機関間での連携機能を高める効果の発現が期待されている。

金融ISACは加盟400社以上を数えるアメリカのFS-ISAC（Financial Services Information Sharing and Analysis Center）の国内版ともいえる組織であり、実際に金融ISACはFS-ISACとも連携し、本邦金融機関へ海外情報を展開している。これにより、わが国での発生インシデントにとどまらず、広く海外での攻撃パターンや事例などを参照することが可能となるなど、より実務的な金融機関への情報提供機能を確保している。すでに会員は190社を超えており（2016年4月現在）、最近は信用金庫や信用組合からの加盟も増加している。この背景には、金融庁が信用金庫や信用組合に対して金融ISACへの加盟を推奨している事情もあり、金融庁の危機意識の高さの表れでもある。

実際、金融ISACでは7つのワーキンググループを設置し、活動を積極化している。その1つである「インテリジェンスWG」では、最近のサイバー攻撃の傾向のほか近い将来に発生が想定される攻撃手法等の類推・予測のほか、これを想定したうえでの効果的な防御態勢の準備・構築手法についての検討の場として位置づけられているなど、より実践的な活動が志向されている。

ワーキンググループでの活動や会員向け有意情報の提供にとどまらず、金融ＩＳＡＣでは、２０１４年10月、複数の金融機関参加のもと、サイバー演習「Marunouchi Dawn1」をも実施している。当該演習は、一般社団法人ＪＰＣＥＲＴコーディネーションセンターとの協働で、「金融機関を標的として国を跨る同時多発的なＡＰＴ攻撃」を想定し、これへの対応状況をモニタリングすることを目的に、金融機関６社が参加して実施されている。参加各社は、自社が把握したインシデントに係る情報を参加している他の金融機関と共有のうえ、共同での対処方針を検討することなどにより、サイバー攻撃を受けた際の他社との情報共有の有効性を確認することが可能となっている。

また金融ＩＳＡＣでは、２０１６年度よりサイバー攻撃の典型的なパターンや攻撃手法、対処手法といった金融業界共通の対応指針を標準化し、金融業界の共通基盤として機能させることを計画中とのことであり、実現すれば金融機関が利用可能な実務レベルでの対処方針確立に一歩近づくことが期待されている。

6 金融庁が示すサイバーセキュリティ対策

民間組織である金融ＩＳＡＣによる取組みが先行するかたちとはなったが、金融庁からも２０１５年７月、「金融分野におけるサイバーセキュリティ強化に向けた取組方針について」が公表されている。これは、金融分野のサイバーセキュリティにおける課題、サイバーセキュリティ強化に向けた5つの方針、の2章からなっており、金融機関におけるサイバーセキュリティ対策の実効性向上を企図したものとして位置づけられている。この背景には、金融機関のみならず、多くの企業が第三者によるサイバー攻撃のリスクにさらされ、結果として甚大な損害を被っているという現状がある。金融庁では従前より、金融機関におけるサイバーセキュリティ態勢について、決済系・勘定系を中心とした基幹システムはもとより、個人や法人顧客との直接の接点となるインターネットバンキングなどのチャネル系についても、その情報セキュリティ管理を厳格化するよう求めており、その延長上で顧客保護の視点についても打ち出してきた。

２０１５年4月、金融庁では「主要行等向けの総合的な監督指針」および「金融検査マニュアル」等の改正も行っている。これらでは大きく4つが新たに定義された。

◆「情報セキュリティ管理にかかる監督指針等の改正」……外部委託先社員等による不正出金事案等の発生をふまえ、顧客に関する情報の厳格な管理態勢や外部委託先に対する適切な管理態勢の整備状況について、監督上の着眼点として明確化する等、の改正

◆「サイバーセキュリティ管理にかかる監督指針等の改正」……サイバーセキュリティ基本法の全面施行（２０１５年1月9日）、世界的規模で生じているサイバーセキュリティに対する脅威の深刻化等をふまえ、金融機関に求めるサイバーセキュリティ管理態勢の整備状況について、監督上の着眼点として明確化する等、の改正

◆「インターネットバンキングにかかる監督指針等の改正」……インターネットバンキングに係る犯罪手口が高度化・巧妙化していること等をふまえ、預金取扱金融機関におけるセキュリティ対策や顧客への対応について、

監督上の着眼点として明確化する等、の改正

◆「システムリスク管理態勢にかかる監督指針等の改正」……システムリスク管理態勢に関する着眼点・検証項目の拡充を図るため、「金融商品取引業者等向けの総合的な監督指針」「清算・振替機関等向けの総合的な監督指針」「保険検査マニュアル」について、所要の改正を行うもの

7 金融庁に設置されたサイバーセキュリティ対策企画調整室

幸いなことに、これまでは国内の重要決済システムや複数の金融機関のシステムが大規模に長期間にわたって停止する、といったインシデントは生じていない。ただし、インターネットの普及拡大につれ、サイバー攻撃の手口も巧妙化・高度化が進んでいる。また、2020年の東京オリンピック・パラリンピックに向け、テロリズムの対象として金融機関のサーバや決済系システムがねらわれるといった脅威も高まりつつある。

こうした背景のもと金融庁では、2015年7月に新たにサイバーセキュリティ対策企画調整室を設置するなど体制の強化を進めている。小野尚総括審議官（当時）をトップに、油布志行参事官が初代室長に就任した。これに管理官（当時）の鈴木啓嗣氏以下、担当者2名が実務部隊として配置され、さらには省内横断的に複数の職員が同室業務を支援する態勢だ。室レベルでみれば、これまでは数名程度で業務を回すケースが多かった金融庁においては相当手厚い布陣といえ、サイバーセキュリティ対策に対していかに金融庁が本腰を入れて臨んでいるかが理解されよう。

鈴木氏は（2016年7月1日付で同室長に就任）、「第三者による攻撃パターンは複雑且つ高度化している。新しい攻撃パターンを速やかに捕捉し、金融機関に物理的対応を促すことには限界がある」としたうえで、「攻撃を受けた後の対応において、いかに迅速な内外連携の情報エスカレーションを実現できるかが課題」とする。すなわち、イタチごっこに陥りがちな現状において有効な対症療法を求めることもさることながら、「事後的な対応手順の定義と、この検証を目的とした演習の実施が重要」（鈴木氏）としている。

実際、早い段階で金融庁では海外の規制当局における金融分野でのサイバーセキュリティ対策の実装手法や演習事例などについて調査を進めており、それらについても2015年3月に「諸外国の金融分野のサイバーセキュリティ対策に関する調査研究報告書」として公表している。ただし、当該報告書では主として海外事例の収集を目的としたものであることから、さらに金融庁では、諸外国における取組体制、運用手法、評価モデルといった、金融機関がサイバーセキュリティ対策を実装しようとする際に必要な情報収集を進めている。具体的には、「技術的対処」に加え「非技術的対処」に分解した調査となっている。技術的対処としては、各金融業態に対して現下の取組実態についてヒアリングを進めているほか、国内のＩＴベンダーへのヒアリングも実施し、ＩＴベンダーサイドでの対応実態の把握に努めるといった活動を通じ、金融機関やＩＴベンダーに対していっそうの取組強化を促してもいる。また、非技術的対処としては、国内外におけるサイバーセキュリティ演習の手法についても検討を進めており、2016年の10月を念頭に、サイバーセキュリティ演習を金融業界横断的に実施するものとみられている。

8 金融庁「金融分野におけるサイバーセキュリティ強化に向けた取組方針」の概要

ここで2015年7月に金融庁が公表した「金融分野におけるサイバーセキュリティ強化に向けた取組方針について」（以下、取組方針）をあらためてみてみよう。取組方針は金融分野のサイバーセキュリティにおける課題、サイバーセキュリティ強化に向けた5つの方針、の2章から構成されている。

［第一章］　金融分野のサイバーセキュリティにおける課題

まず、第一章の金融分野のサイバーセキュリティにおける課題は、3節から構成されている。

［第一節］　取組方針の策定について

ここでは、金融分野におけるサイバーセキュリティ管理態勢について、これまでの対応方針および監督・検査のあり方について言及している。具体的には、金融機関のシステムの安定稼働、業務継続、情報セキュリティ管理、顧客保護といった視点が取り上げられている。他方、日本の金融システムは、「現下、総体として健全であり安定している」との現状認識を示したうえで、①イノベーションの進展にあわせたインターネットの利用拡大、②サイバー攻撃の高度化（手口の巧妙化、攻撃技術へのアクセスの容易化）、③サイバーテロの脅威の高まり（経済目的ではなく社会秩序を混乱させる目的でのサイバー攻撃）に伴い、サイバー空間からの攻撃が金融システムの安定に影響を及ぼしかねないとし、その脅威に警鐘を鳴らしている。また、海外において、銀行ATMの大規模停止などの事例が発生している点を取り上げ、「金融システムの健全性確保」の観点に立ち、個々の金融機関がサイバーセキュリティ管理に係る基準を満たしているかの検証にとどまらず、業界全体の課題を把握・分析し、サイバーセキュリティ強化を図ることで、金融システム全体の強靭性を高めていくこと、の必要性を問うている。そのうえで、金融庁として金融分野へのサイバー攻撃の脅威に対抗するために今後取り組むべき方針を明らかにし、あわせて「金融機関、金融サービス利用者及び関係機関と問題意識を共有すること」が今次取組みの主たる目的である、としている。

［第二節］　金融分野のサイバーセキュリティを巡る状況

本節は3つの項からなっている。2020年の東京オリンピック・パラリンピックを目前に控え、外部者からの攻撃の脅威が高まっている点を取り上げ、主としてその脅威について言及しているものだ。

第一項はイノベーションの進展への言及、第二項はサイバー攻撃の高度化について、第三項はサイバーテロの脅威について触れている。

第一項では、「イノベーションの進展に合わせた金融分野でのインターネットの利用拡大」が進んでいるという現況を示し、金融機関業務では、預金・為替事務の処理はもとより、リスク管理や内部監査に至るまで、さまざまな場面でコンピュータシステムが活用され、これらの安全性・信頼性の確保は、経営管理上、きわめて重要な課題となっている、との認識を示している。さらに、情報通信技術の発達と金融機関の業務の多様化・国際化により、金融機関のコンピュータシステムは、インターネット等のオープンな情報通信ネットワーク（以下、インターネット等）とのつながりを強めており、ネットワークを介した外部からの悪意ある接続等に対する堅牢性の確保も新たに重要である、としている。これに加え顧客チャネルを取り上げ、インターネット等を介した業務は、今後も、端末のモバイル化・高性能化や、クラウドサービスの進展、高速通信の利用コストの低減等を背景に、さらに進展していく、と金融庁としての現状認識が表されている。

第二項では、「サイバー攻撃の高度化（手口の巧妙化、攻撃技術へのアクセスの容易化）」として、サイバー攻撃については、その手口が悪質化するとともに、攻撃技術へのアクセスが容易になっていることなどを考慮し、その脅威について具体的な事例を紐解きながら警鐘を鳴らしている。ここでは、その攻撃事例として、ソフトウェアにおける未修正・未発表のセキュリティ上の脆弱性を悪用した「ゼロデイ攻撃」のほか、マルウェア感染により攻撃者の指令で動作させせられてしまうコンピュータ群について指令を行う権利が取引されている点など、攻撃者自身が技術を有していなくとも、攻撃手段へのアクセスが容易になってきている点に言及している。

第三項では、「サイバーテロの脅威（2020年東京オリンピック・パラリンピック競技大会の開催も見据えて）」と題し、サイバー攻撃については、これまでの情報漏えいや不正送金などの経済目的の攻撃だけでなく、社会不安を引き起こす目的でのサイバー攻撃にも留意する必要が高まってきているなど、その攻撃目的の変化の様態について触れているのが特徴だ。わが国では東京オリンピック・パラリンピックの開催を控えているが、直前のロンドン、ソチ大会でも相当数のサイバー攻撃が発生した、としている。そのため、金融を含めた重要インフラでは、「政府と事業者が一丸となって取組みを強化していくことが必要」とあえて言及していることが興味深い。

[第三節]　金融分野のサイバーセキュリティとして対処していくスコープ

本節では、金融分野のサイバーセキュリティとして対処していくスコープが定義されている。なお、詳しい考察は後述するが、本件定義では「攻撃者の動機」のほか、攻撃者の攻撃対象が金融機関およびエンドユーザ

（顧客）に二分されていること。また、これらにより金融市場やインフラの停止などの脅威にさらされているほか、金融機関内部においても機密漏えいのリスクが高まりつつある点が例示されている。

[第二章]　金融分野のサイバーセキュリティ強化に向けた5つの方針

第二章は、サイバーセキュリティ強化に向けた金融庁の基本的考え方のほか、金融機関との連携スキームについて紹介されている。本章は2節からなっており、主として金融庁と金融機関との連携のあり方に紙幅を割いている。

[第一節]　基本的考え方

金融機関および金融サービス利用者にとって、インターネット等を活用した業務やサービスはすでに経済活動に不可欠なインフラとなっており、サイバー攻撃による被害は個別金融機関の問題にとどまらず、日本の金融システムへの信頼を損ないかねないものとなっている。金融庁としては、サイバー攻撃が個別金融機関への影響にとどまらず、同業他社や同じシステムインフラ、サービスを利用する他金融機関にも拡大することを懸念しているようすがうかがえる。

そこで、金融庁は、金融機関・金融市場インフラとの間で、サイバーセキュリティ確保という共通目的を有しているとの理解のもと、建設的な対話を日常的に重ねていくことに努めるとしている。

[第二節]　5つの方針

本節が本「取組方針」において中核をなす部分となっている。金融庁と金融機関との連携のあり方のほか、金融庁として今後金融業界での実態の把握を進めることに加え、モニタリングの活用により、金融機関側との対話に重点を置く、と宣言している。

① サイバーセキュリティに係る金融機関との建設的な対話と一斉把握

サイバー攻撃への対処に際し、金融機関等との間で最近の攻撃の動向や取組みについて日常的に情報交換を行い、金融庁として新たな脅威を把握するとともに、金融機関等のサイバーセキュリティ管理態勢がより実効性のある取組みとなるよう建設的な対話を重ねていくことが重要、としている。また、サイバーセキュリティ管理態勢は、個々の金融機関の規模やビジネスモデルに応じ、必要となる取組みの内容や深度に差がある、との認識を示したうえで、すべての金融機関等において実効性のある態勢整備を求めている。

そこで金融庁では、金融機関等ごとのサイバーセキュリティ管理態勢の取組状況やその実効性について実態把握を行い、各業態の課題について分析を行う、としている。実際、2015年中に各金融機関に対して金融庁からアンケート調査などが実施されている。またこの調査・分析結果は、金融機関等にフィードバックすることで自己点検を促すとともに、その後の対応の進捗状況などについてはモニタリングの活用により継続してウオッチする、としている。またその際、サイバー攻撃への対処を行う各ステップ、すなわち、以下の項目ごとにいかなる対応がとられているか確認する、との方針を示している。

ア．特定

・サイバー攻撃から保護すべき対象（情報資産等）の把握
・経営陣によるサイバーセキュリティ管理の重要性の認識
・セキュリティ水準の定期的評価
・システム開発におけるセキュリティ管理の視点の導入　等

イ．防御

・組織内の緊急時対応・早期警戒体制の整備
・情報共有機関等を通じた情報収集・共有体制の整備
・多層防御（入口対策・内部対策・出口対策）
・システムの脆弱性についての適時の対応
・コンティンジェンシープランの策定・業界横断的演習への参加　等

ウ．検知

・通信記録（ログ）等の取得・分析を含むサイバー攻撃に対する監視　等

エ．対応、復旧

・コンティンジェンシープランに沿った適切な対応　等

また、顧客への攻撃による不正送金等への対処について、以下につき確認を行う。

ア．サービス提供の状況

・より安全な認証手段をはじめとする不正防止策の組合せ状況　等

イ．顧客への働きかけ

・顧客の利用環境のセキュリティ強化の取組み
・異常な取引等の検知・連絡　等

② 金融機関同士の情報共有の枠組みの実効性向上

金融機関等の取組みを向上させ、金融業界全体のサイバーセキュリティを強化していくためには、内閣サイバーセキュリティセンター（以下、ＮＩＳＣ）からの情報提供（「公助」）だけではなく、金融機関同士で情報共有・分析を行う「共助」が非常に有効となる。具体的には、活発な情報提供・活用により、ある金融機関が攻撃を受けた際、他の金融機関が同種の攻撃手法への備えをあらかじめ講じられるようになるほか、参加金融機関間の交流を通じて、先進的な金融機関の積極的貢献によるスキルやノウハウの共有が進み、全体としての底上げ効果などが期待できる。このため、金融機関に対して、一般社団法人金融ＩＳＡＣをはじめとする情報共有機関等を活用した情報収集・提供およびこれをふまえた取組みの高度化（脆弱性情報の迅速な把握・防御技術の導入等）の意義について、引き続き、機会をとらえて周知していく、との方針が示されている。また、業界団体等（ＣＥＰＴＯＡＲ）を通じた情報提供についても、ＮＩＳＣから発信されたものに限らず、金融庁から金融分野向けに提供すべき情報があれば、積極的に発信していく、としている。なお、公益財団法人金融情報システムセンターでは、「金融機関等コンピュータシステムの安全対策基準・解説書」のサイバーセキュリティに関する記述を改訂のうえ、当該記述の解釈に関する金融機関向けの問合せ窓口を開設し、広く周知すべき質問・回答を「ＦＩＳＣサイバーセキュリティ参考情報」として公表する取組みを行っており、金融機関による活用が期待されるところだ。

③　業界横断的演習の継続的な実施

サイバー攻撃への対応能力の向上にあたっては、演習の実施を通じて、経営層から担当者に至る関係者の実戦能力を向上させるとともに、現在想定している対応態勢・手順の有効性を確認し、ＰＤＣＡサイクルを回していくことが有用、としている。特に、規模が大きくない金融機関等、十分な対策を講じることが困難な組織では、国・関係機関等の関係者が連携し、実戦的な演習の実施等を通じた取組強化の支援が有用である、ともしている。また、先進的な金融機関では、自らの取組状況を評価・分析するため、金融機関単位での演習を実施している旨を示している。しかし、現実の事案への対応において必要となる、関係機関（金融庁・情報共有機関・他の金融機関その他）との連携のあり方について、あらかじめ確認しておくことが必要となる。そこで、海外でも行われているような監督当局を含む業界横断的な演習事例も参考にしつつ、関係者を含めた業界横断的な演習をすみやかに実施することとし、早急にその具体的方法（実施主体（他省庁・関係機関との連携を含む）、演習の目的、シナリオの内容等）を検討する。前述の金融庁鈴木管理官のコメントは、主としてこの部分を意識したものだということがわかる。

④ 金融分野のサイバーセキュリティ強化に向けた人材育成

金融分野のサイバーセキュリティ強化を進めていくうえでは、実際に各種サイバーセキュリティ対策を行う技術担当者だけではなく、サイバーセキュリティ管理態勢の整備に関する意思決定・組織内への指示を行う経営層やこれを支える管理部門の職員も、意識の向上や必要な知見の習得が求められるとし、あわせて監督の担当者の質の向上も不可欠、との認識を示している。そこで、こういった関係者の質的向上に向け、平成27事務年度より、以下の取組みを実施することを宣言している。

ア．金融機関等の経営層の意識向上を目的としたセミナー等の開催

イ．金融機関等でサイバーセキュリティに関与する職員として求められる人材及びその育成方法（キャリアパス、バックグラウンド等を含む）等について関係者との議論・検討

ウ．金融庁担当者の様々な専門性確保（外部登用・内部育成）

⑤　金融庁としての態勢構築

金融庁では、サイバーセキュリティに関して、金融機関等を検査する部署（検査局・証券取引等監視委員会）・監督する部署（監督局・総務企画局市場課）、ＮＩＳＣとの連携を行う部署（総務企画局政策課）、政府の一員である金融庁自身のセキュリティ対策を行う部署（総務企画局総務課情報化統括室）等が、それぞれの業務を遂行している。しかし、①～④の実施を含め、金融分野におけるサイバーセキュリティ向上に強力に取り組んでいくには、金融庁内部において情報・知見を一元的に集約し、組織横断的に企画・調整を行うことが必要との認識を示している。そのうえで、外部の専門家を活用しつつ、以下の業務を行う部署を、総括審議官のもと、総務企画局政策課に直ちに設置する、としている。

ア．有識者等からの情報収集、国内外の事例の収集・分析、各部局からの情報集約を通じた知見の集積と幹部及び各部局への還元

イ．知見を活かした金融機関等へのモニタリングの企画・立案支援

ウ．その他金融機関等のサイバーセキュリティ強化に必要な施策の企画立案

これがサイバーセキュリティ対策企画調整室である。またあわせて、金融機関等に対するサイバー攻撃事案が発生した際の金融庁としての対応手順を整理（コンティンジェンシープランの策定）するとの計画が示された。さらには、サイバー攻撃の手口の高度化・巧妙化が進み、どれだけあらかじめ対策を講じたとしても被害を受けてしまうことは生じうるとの状況をふまえて、金融庁の立場から、金融システム全体での強靭性を高めるべく、①～④のほかにも金融機関等のサイバーセキュリティ強化を支援していく方策がないか、不断に検討していく、との宣言で本取組方針を結んでいる。

9
ＩＴ‐ＢＣＰの一手順として位置づけられるサイバーセキュリティ対応態勢

ところで、２０１５年７月に金融庁が公表した前述の「取組方針」をみると、「これまでも金融機関のサイバーセキュリティ管理態勢については、システムリスク管理等の一環として、監督・検査を実施」と言及されている。

すなわち「システムリスク管理等の一環」とは、いわゆるシステム障害などを想定したＣＰ（コンティンジェンシープラン）あるいはＩＴ‐ＢＣＰのなかで定義されている管理態勢のなかで定義されるべきものと理解される。

実際、取組方針のなかでは、金融分野のサイバーセキュリティとして対処していくスコープが紹介されており、脅威の種別ごとに関連するリスク管理態勢を３つに峻別定義している。具体的には、関連する既存のリスク管理態勢として「業務継続（ＢＣＭ）等」「情報セキュリティ管理等」「顧客保護等」の３点があげられている。これらはリスク事象としての入り口は異なるものの、出口対応としては既存のＢＣＰ（厳密にはＩＴ‐ＢＣＰ）に当然に包含されるべき視点と考えられる。

これを実行するうえで金融庁では、サイバーセキュリティ強化に向けた５つの方針を掲げている（図７）。ただし、これらはいずれも事前対策が中心となっており、外部からの攻撃認知後の初動対応のあり方については「顧客保護」の視点以外、詳細には触れられていないともいえる。なお、既存のＢＣＰやＩＴ‐ＢＣＰについ

図7　金融庁が掲げるサイバーセキュリティ強化に向けた5つの方針

1．サイバーセキュリティに係る金融機関との建設的な対話と一斉把握
2．金融機関同士の情報共有の枠組みの実効性向上
3．業界横断的演習の継続的な実施
4．金融分野のサイバーセキュリティ強化に向けた人材育成
5．金融庁としての態勢構築

（出典）　金融庁「金融分野におけるサイバーセキュリティ強化に向けた取組方針」（2015年7月）

ても同様に、「リソースベース」で手順化している金融機関のなかには、初動対応が抜け落ちてしまっているものも散見されるが、これは「リソースベースで陥りがちなワナ」ともいえるものであり、ＢＣＰ策定上の留意点でもある。

10 金融庁が定義するサイバー攻撃への対処

金融庁が２０１５年7月に発表した取組方針では、サイバー攻撃への対処を4つのステップにより定義している（図8）。

「特定」ステップでは、外部からのサイバー攻撃により金融機関内部のどの機能が脅威にさらされるのか、あるいは顧客への影響は、といった視点での準備行動が求められる。さらに、攻撃時の影響が金融機関内部にとどまらない可能性も視野に、同業他社への影響、さらには他業態への影響についても評価し、対策を検討することとなる。影響評価後は、当該情報を経営陣にエスカレーションしたうえで、金融機関経営における重要課題としての認識を深める、といった作業を求めている。また、時々刻々と多様化かつ巧妙化するサイバー攻撃への備えとして、定期的にセキュリティ水準を点検することとなる。金融庁ではこの部分などの情報取得の容易さや迅速性を評価したうえで日本シーサート協議会などへの加

図8　金融庁が定義する金融分野のサイバーセキュリティ強化に向けた方針

特定	防御	検知	対応、復旧
・保護すべき対象の把握 ・経営陣によるサイバーセキュリティ管理の重要性の認識 ・セキュリティ水準の定期的評価 ・システム開発におけるセキュリティ管理の視点の導入	・組織内の緊急時対応／早期警戒体制の整備 ・情報共有機関等を通じた情報収集／共有体制の整備 ・多層防御(入り口対策・内部対策・出口対策) ・システムの脆弱性についての適時の対応 ・CPの策定 ・業界横断的演習への参加	・通信記録（ログ）等の取得・分析を含むサイバー攻撃に対する監視	・CPに沿った適切な対応

[イメージ]

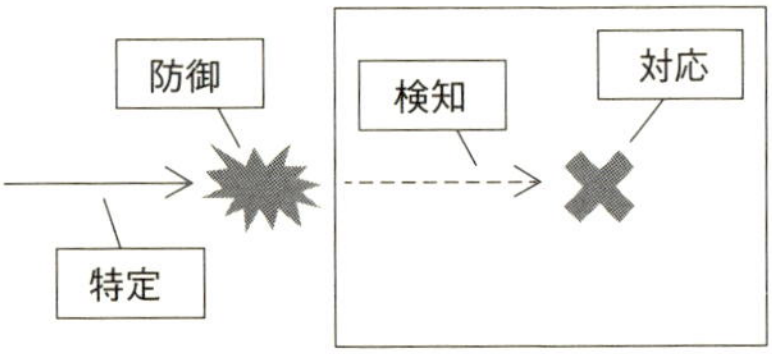

（出典）　金融庁公表資料

入を金融機関に推奨している。また、セキュリティ水準の点検を通じ、情報システム開発に際してのセキュリティ管理のあり方を適宜見直すよう促している。

「防御」ステップでは、組織内の緊急時対応や早期警戒態勢の整備を求めている。早期警戒態勢としては、常に情報システムの運用状況をウオッチしつつ、変化の予兆を察知した段階ですみやかに金融機関内部の連携先組織に情報を展開する、といった対応を実現するための態勢整備が求められる。さらに、日本シーサート協議会などとの連携を通じた有意情報の収集や金融機関内部への展開のあり方についても定義すべき、としている。ここで技術的対応のあり方についても定義しており、金融庁では多層防御を推奨している。入り口対策、内部対策、出口対策の3つの視点を念頭に、あらゆるチャネルでの攻撃シーンを想定するよう金融機関に促している。なお、定期的にシステムの脆弱性の検証を求めており、これを通じたシステムダウン時の有意対応手順であるＣＰ（ＩＴ－ＢＣＰ）を策定するよう要求している。また、ＩＴ－ＢＣＰで定義した対応手順に潜在的な瑕疵がないか、もれている対応手順はないか、といった点を検証することが必要としており、その検証ツールとしての業界横断的演習への参加も要請している。

「検知」ステップでは、「防御」ステップで整えた対応態勢（組織）が外部からの攻撃を認識した段階で、迅速に通信記録（ログ）などの取得や解析を含む手順を踏めるよう、具体的な作業手順の定義づけが必要だ。

「対応、復旧」ステップは、サイバー攻撃を受けた後に迅速に復旧させるためのメカニズムを組み込むことを要請しており、これらはＢＣＰやＩＴ－ＢＣＰでいうところの「暫定手順」および「本格復旧手順」の策定作業にほぼ近似する。

金融庁が定義する４つのステップは以上のとおりだ。ただし、これを金融機関業務に実装するためには、よりいっそう要件を整理・精緻化する必要がある。

そこで、図８で定義される内容を要素分解し、背景として金融庁が「何を求めているのか」を明らかにしてみよう。すると、各ステップで求めている具体的な機能が浮かび上がってくる（図９）。

「特定」ステップで金融庁が求める要件は、「チャネル分析」「リソース分析」「セキュリティ診断」「技術的対処」の４つの作業に整理できる。同様に、「防御」ステップの６つの要件は、あらためて要素分解してみると、「態勢整備」「情報収集」「内部・外部連携」「技術的対処」「現状評価」「対応手順策定」「演習実施」の７つの作業に整理可能だ。さらに、「検知」ステップは「態勢整備」、「対応、復旧」ステップは「対応手順策定」と作業内容が整理される。

これをみると、４つのステップでそれぞれ整理したすべての作業は、一部重複するものが含まれていることが

図9　金融庁が求める機能の要素分解

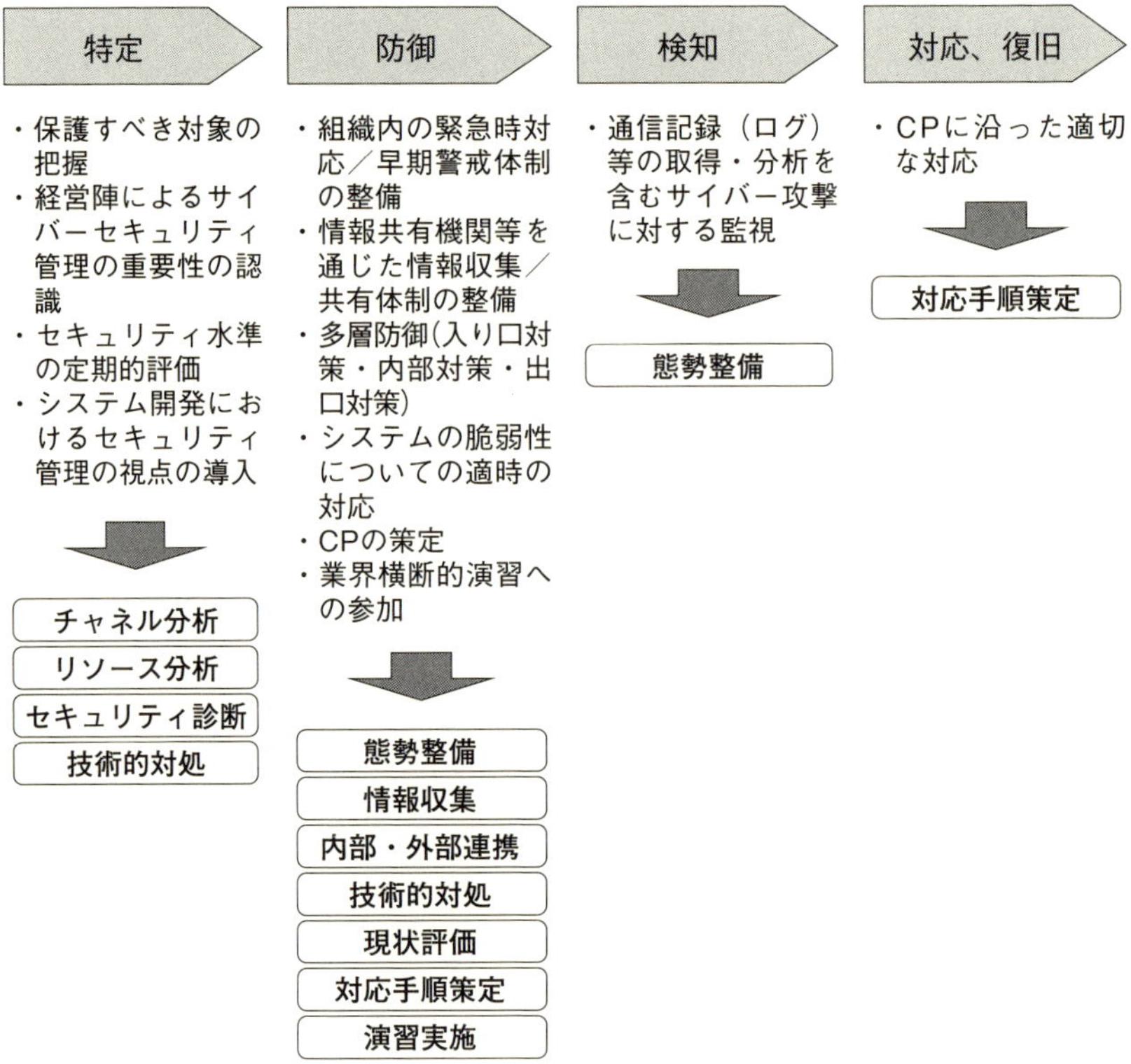
特定
・保護すべき対象の把握
・経営陣によるサイバーセキュリティ管理の重要性の認識
・セキュリティ水準の定期的評価
・システム開発におけるセキュリティ管理の視点の導入
チャネル分析
リソース分析
セキュリティ診断
技術的対処
防御
・組織内の緊急時対応／早期警戒体制の整備
・情報共有機関等を通じた情報収集／共有体制の整備
・多層防御(入り口対策・内部対策・出口対策)
・システムの脆弱性についての適時の対応
・CPの策定
・業界横断的演習への参加
態勢整備
情報収集
内部・外部連携
技術的対処
現状評価
対応手順策定
演習実施
検知
・通信記録（ログ）等の取得・分析を含むサイバー攻撃に対する監視
態勢整備
対応、復旧
・CPに沿った適切な対応
対応手順策定

図10　金融庁が求める機能の構造化モデル

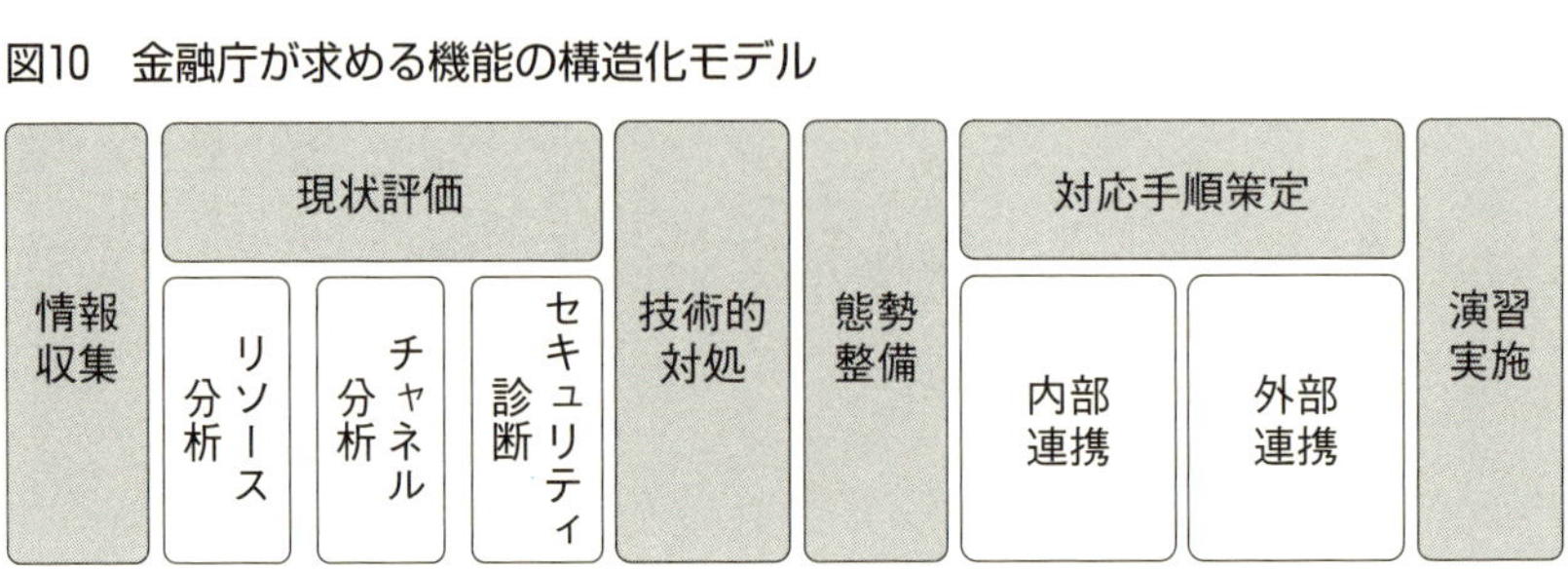
情報収集
現状評価
リソース分析
チャネル分析
セキュリティ診断
技術的対処
態勢整備
対応手順策定
内部連携
外部連携
演習実施

わかる。「技術的対処」「態勢整備」「対応手順策定」の3つだ。そこでこれらの重複作業を排除したうえで、あらためてこれらの作業をマージし構造化したものが図10である。

図10より、金融庁が「求めているであろう」と推察される具体的な機能は、「情報収集」「現状評価」「技術的対処」「態勢整備」「対応手順策定」「演習実施」の大きく6つの機能として表現できる。現状評価の配下には、「リソース分析」「チャネル分析」「セキュリティ診断」がぶら下がる構造となっている。同様に、「対応手順策定」をみると「内部連携」「外部連携」がぶら下がっている。

ただし、実際の金融機関における対応状況をみると、「情報収集」「リソース分析」「セキュリティ診断」「技術的対処」にフォーカスした対応にとどまる例が多い。また、ITベンダーを含めた外部事業者における金融機関向け支援プログラムも、金融機関へのサイバーセキュリティ関連情報提供と技術的側面での対策支援にフォーカスされたものになりがちだ。

たとえば、東日本大震災後、金融機関ではBCPやIT‐BCPの策定および見直しが急速に進んだ。ところが、「バックアップシステムの整備」など技術的対処から検討された結果、「バックアップシステムは構築したが、実際に使えるような切替え／切戻し手順を整備していなかった」「手順策定はITベンダーに任せており中身は知らない」といった事例も確認されている。サイバーセキュリティ対策についても、技術的対処はいうまでもなく、初動を中心とした対応手順を早急に実装する必要があろう。

図11　顧客への攻撃による不正送金等への対処

①　サービス提供の状況 ✓より安全な認証手段をはじめとする不正防止策の組合せ状況等 ②　顧客への働きかけ ✓顧客の利用環境のセキュリティ強化の取組み ✓異常な取引等の検知・連絡

（出典）　金融庁「金融分野におけるサイバーセキュリティ強化に向けた取組方針」（2015年７月）

11

顧客のＩＴリテラシーを意識した金融機関の対応

金融庁では、サイバー攻撃に際し、金融機関には顧客面にフォーカスした２つの確認を求めている（図11）。サービス提供の状況および顧客への働きかけの２点が定義されており、具体的な中身としては、情報連携と技術的対処を取り上げている。

インターネットバンキング利用に際しての技術的対処の一案として、指紋認証や虹彩認証などの生体認証の併用により、顧客属性にかかわらず一定の効果発現が期待できる、との意見もある。ところが、生体認証では、多くのケースでログインの代替機能が用意されている。たとえば、目や指先を怪我した際には生体認証が利用できないことが想定されるが、この際はＩＤとパスワードを代替手段として入力しさえすれば情報システムにアクセスできる、といったものだ。これらの代替機能の存在を念頭に、攻撃者はそもそも生体認証手続そのものへのアクセスではなく、この代替機能にねらいを定めている。

現実的に、顧客が被害を受けやすい属性パターンは明らかに存在する。図12は顧客のＩＴリテラシーとインターネットバンキングにおける取引量に着目

図12　IB利用顧客の属性パターン

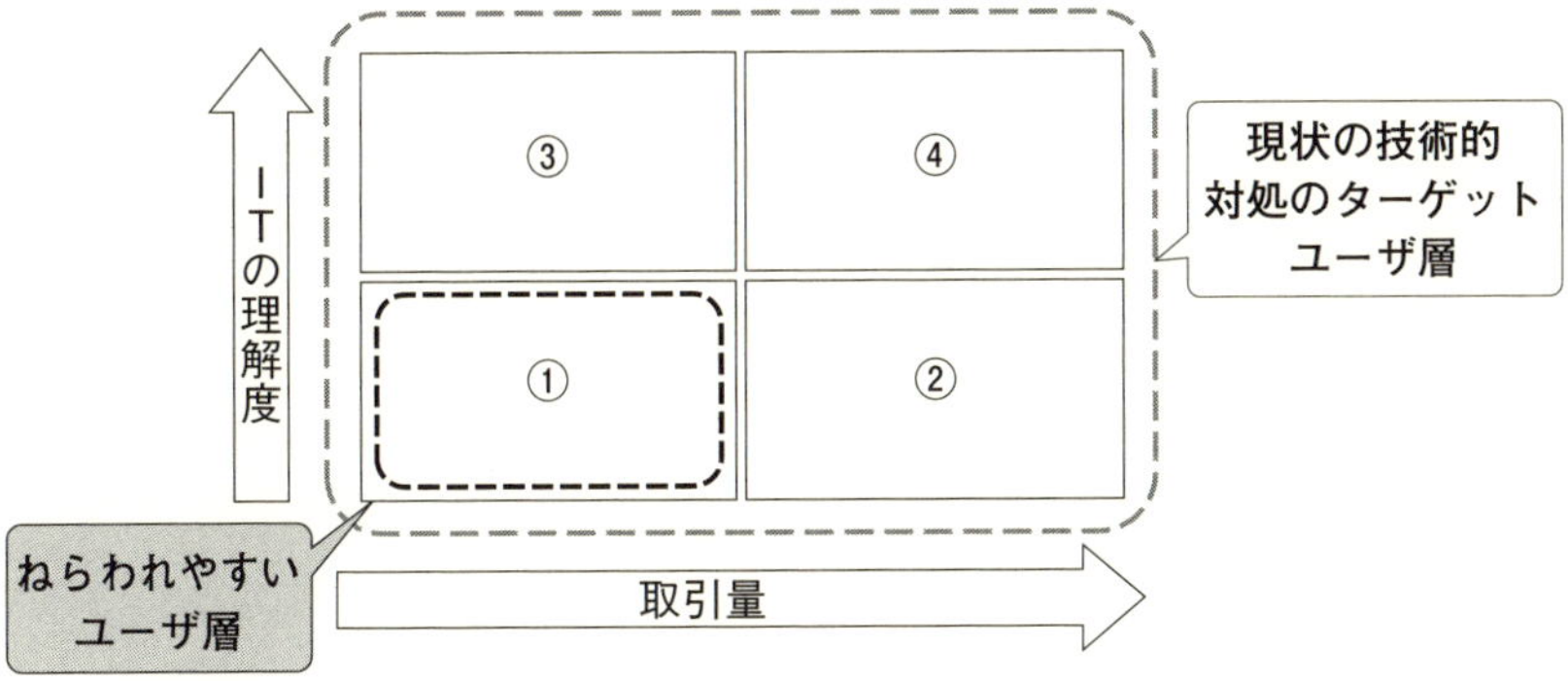

図13　顧客属性に応じた非技術的対処方針

・①に属する顧客
➤利用させない

・②に属する顧客
➤ITリテラシー向上策の徹底

・③に属する顧客
➤取引拡大を促すための有意情報提供

・④に属する顧客
➤有意情報提供

し、顧客属性をパターン化している。①にプロットされる顧客は、ITに詳しくなくかつ取引量も少ない顧客であり、最もリスクの高い属性となる。逆に、④にプロットされる顧客は、ITにも詳しく取引量も多いことから、変化にも敏感であり、外部からの攻撃に際しての予兆を察知することが一定程度可能だろう。したがって、④の顧客が最もリスクの低い顧客属性といえる。

　ところが、技術的対処にフォーカスした場合、いずれの属性パターンにも同一の対処方針を施すこととなり合理

図14　顧客リテラシー向上に向けたインセンティブプラン

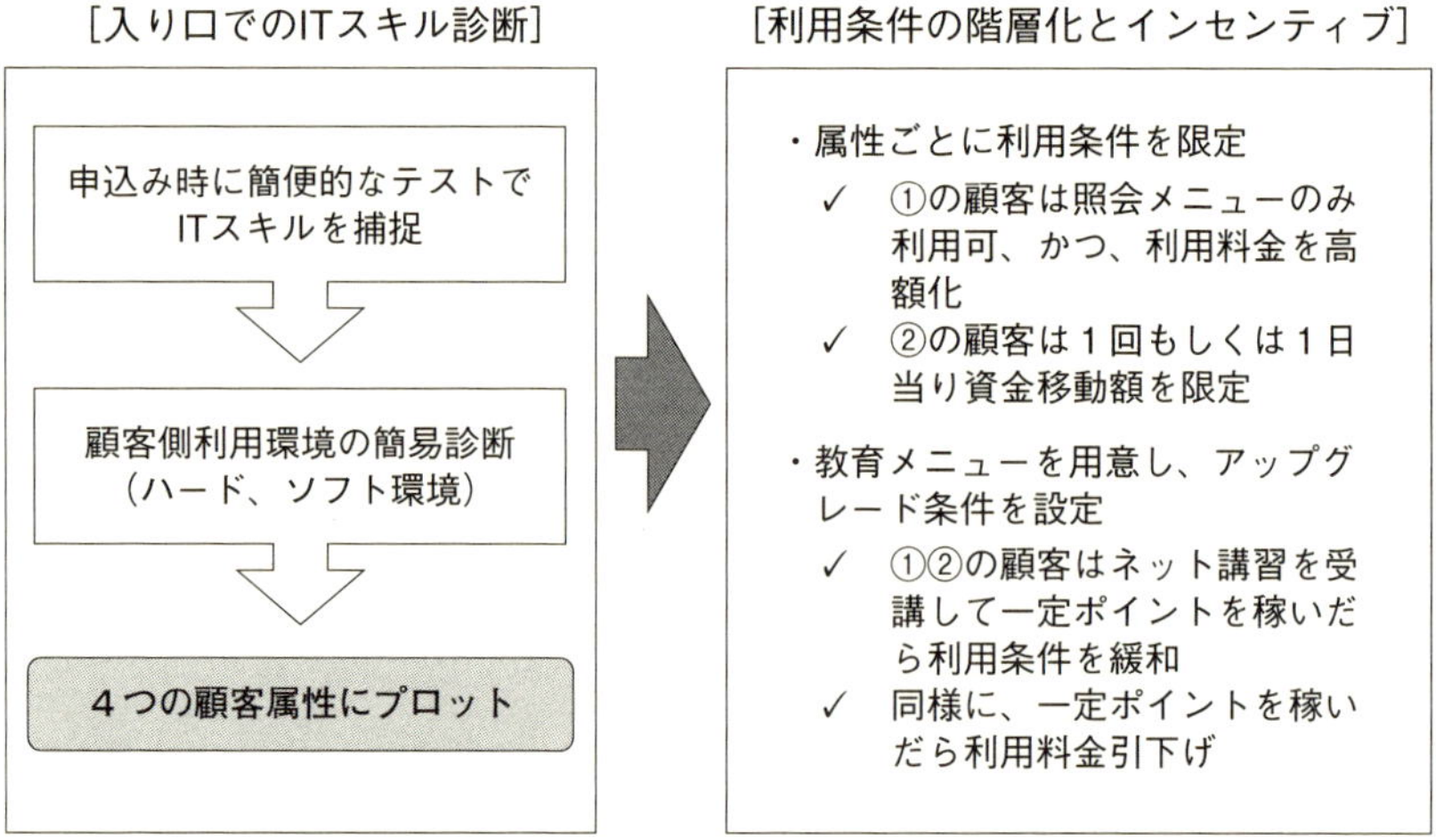

的とはいえない。つまり、技術的対処のみでは「敵とのイタチごっこ」からは逃れられず、顧客のＩＴリテラシーによる影響も排除できない。そこで、まずはＩＴスキルが相対的に低い顧客への対処を優先することになる。現実的な対策としては顧客属性に応じた図13のような「非技術的対処」を施すことが有効だろう。

①の顧客は金融機関にとって厄介な顧客だ。ＩＴスキルが低いうえに取引量も少ないため、パソコンのＯＳやウィルスソフトの更新がなおざりにされたり、金融機関がウィルス対策ソフトを配布しても、滅多に取引をしないがゆえにインストールすら放置されたりしかねない。こうした顧客への対処としては、まずはインターネットバンキングを利用させない、といった方針を掲げることも必要だろう。

他方、②の顧客はＩＴスキルこそ低いものの、頻繁に取引を行ってくれるがゆえに、金融機関としてもその扱いに悩むところだ。

そこで、図14で示したように、インターネットバンキング利用申請を受領した段階で、顧客に簡単なＩＴスキル診断を受けてもらい、その顧客属性が①～④のいずれにプロットされるのかを入り口で捕捉することが考えられる。そのうえで、顧客属性に応じて利用条件を限定するとともに、顧客向けに教育メニューなどを用意することで、ＩＴスキル向上に応じた利用メニューの拡大プランを提示する。①の顧客のケースでは、資金移動取引はできないが、残高照会のみを利用メニューとして提供する。②の顧客には１回もしくは１日当りの資金移動額を限定してサービスを提供するといったプログラムだ。ただし、①②の顧客は金融機関が提供するネット講習や研修プログラムを利用し、定期的にパソコンのＯＳの更新状況やウィルス対策ソフトのインストール状況を確認することを条件に、徐々に利用条件を緩和させる、といった仕組みの導入が有効である。また、利用条件と利用料金を可変させることで、リスクの高い顧客にインターネットバンキング取引を見送ってもらう、といった誘導も可能となる。

第2章

ＢＣＰ個別対応手順の策定手法

昨今、金融業務が高度化かつ多様化するなか、あわせて新たなレギュレーションも頻繁に公布され、複雑化している。これに応じて金融機関では内部規程類の改訂作業が必須となるのだが、規程の更新が中途半端に放置されていたり、異なる文書間で齟齬が生じたりするといった問題がある。たとえば、金融機関内部では文書管理規程などにより、作成対象の文書を「方針」「規程」「要領」「マニュアル」といった様態で構造定義するのが一般的だ。ところが「規程」のはずの文書をみると、実際は「要領」に分類されるはずの情報が記載されていた、といった例が散見される。外部監査に際して当然にチェックされるべき範囲なのだが、往々にしてこれらの監査をすり抜けてしまっているのが実態だ。当局の検査・考査も、直近のイベントにフォーカスを当てたテーマ別検査や水平レビューが主流となったこともあり、過去に確認ずみの規程類については後の入検時には確認しない、もしくは、かつての検査で「確認ずみであることを証跡から確認」して終了といった傾向があり、結果として、規程類が更新されずに残置される、といった場面を生み出している。

金融機関の内部規程の多くは「金融機関職員の行動規範」そのものともいえ、この陳腐化は、真に求められるシーンに際して拠り所となる手順がおぼつかず、実効性のある対応がとれない、といった状況に金融機関を陥らせることだろう。頻繁なルールやレギュレーション変更と、バックヤードに投入する間接要員の数による物理的限界がもたらす悩みだが、「わかってはいるが手がつけられない」状況に陥っている金融機関も多い。思い起こせば東日本大震災に際し、バックアップシステムを稼働しようにも、本番システムからバックアップシステムへの切替手順や判断基準を明確に定義している金融機関は数えるばかりであった。他方、本番環境を含むシステムそのものには十分な投資がなされていたことから、東日本大震災当日においては、幸いなことに物理的対処上の問題は致命的には露見しなかった。これは、当局のチェックの視点が、目にみえる部分（ハード、ソフト、回線制御）の対策に焦点を当てていた結果、目にみえない真に必要な部分（運用手法、判断基準、要員の行動、具体的な手順）への対応が劣後されていたためといわざるをえない。

ここからは、「どこまで規程類を整備すればよいのか」「どこまで詳細に手順を定義すればよいのか」「どのように策定すればよいのか」といったプロセスの視点で、当局の指導や管理が定義されていない現状がみえてくる。すなわち、当局の指導が「外形的なチェック」にとどまっている可能性だ。

他方、ここにきて金融庁は取組方針や金融検査マニュアルのなかで、ＩＴ‐ＢＣＰにおけるサイバーセキュリティ対策の個別手順の実装を求めてきた。ただし、既存の規程類に単にサイバー攻撃時の対応手順を組み込んだだけでは、金融機関全体のＢＣＰとの連携も定義できず、結果的に内外連携手順の有意な実装が困難となる。したがって、サイバー攻撃への対応手順組込みに際しては、他の規程類との整合性の確保、つまり既存のＢＣＰやＩＴ‐ＢＣＰとの連携を意識した作業が必須となる。

ところが、そもそもベースとなるＢＣＰやＩＴ‐ＢＣＰの記載レベルや具体的な手順の定義がもれていた場合、単にサイバー攻撃への対応手順のみを追補しても実効性の確保には程遠いだろう。

そこで本章では、まずはサイバーセキュリティ対策の事後的対応を考えるうえでのベースとなる関連規程類の整備を目的に、金融機関としてのＢＣＰ、ＩＴ‐ＢＣＰの策定・見直し手法と、これらへのサイバーセキュリティ対策の個別手順の組込手法について解説する。

1

BCP、IT-BCP、サイバーセキュリティ対策の位置づけ

サイバー犯罪を含めた外部、内部からの攻撃や情報搾取への備えは、BCPの構成要素であるIT-BCP対応リスクの一類型としてすでに整理されているものだ。BCPで対象とするリスクについては、すでにFISCのCP策定ガイドラインや金融検査マニュアルなどで定義されている。ただし、可視化された状態での整理がないために、どこまでをBCPが、何をCPがカバーするリスクなのか、といった部分でさまざまな解釈が生まれている。

図15はNTTデータ経営研究所で定義したBCP、IT-BCP、さらにはサイバーセキュリティ対策手順の構造化モデルである。

BCPが有事の際の金融機関全体の行動基準や手順を定めた計画文書および手順書であるのに対し、IT-BCPはBCPで想定するリスクのうち主にシステムリスクを対象とした行動手順を

図15　BCPとIT-BCP、サイバーセキュリティ対策手順の位置づけ

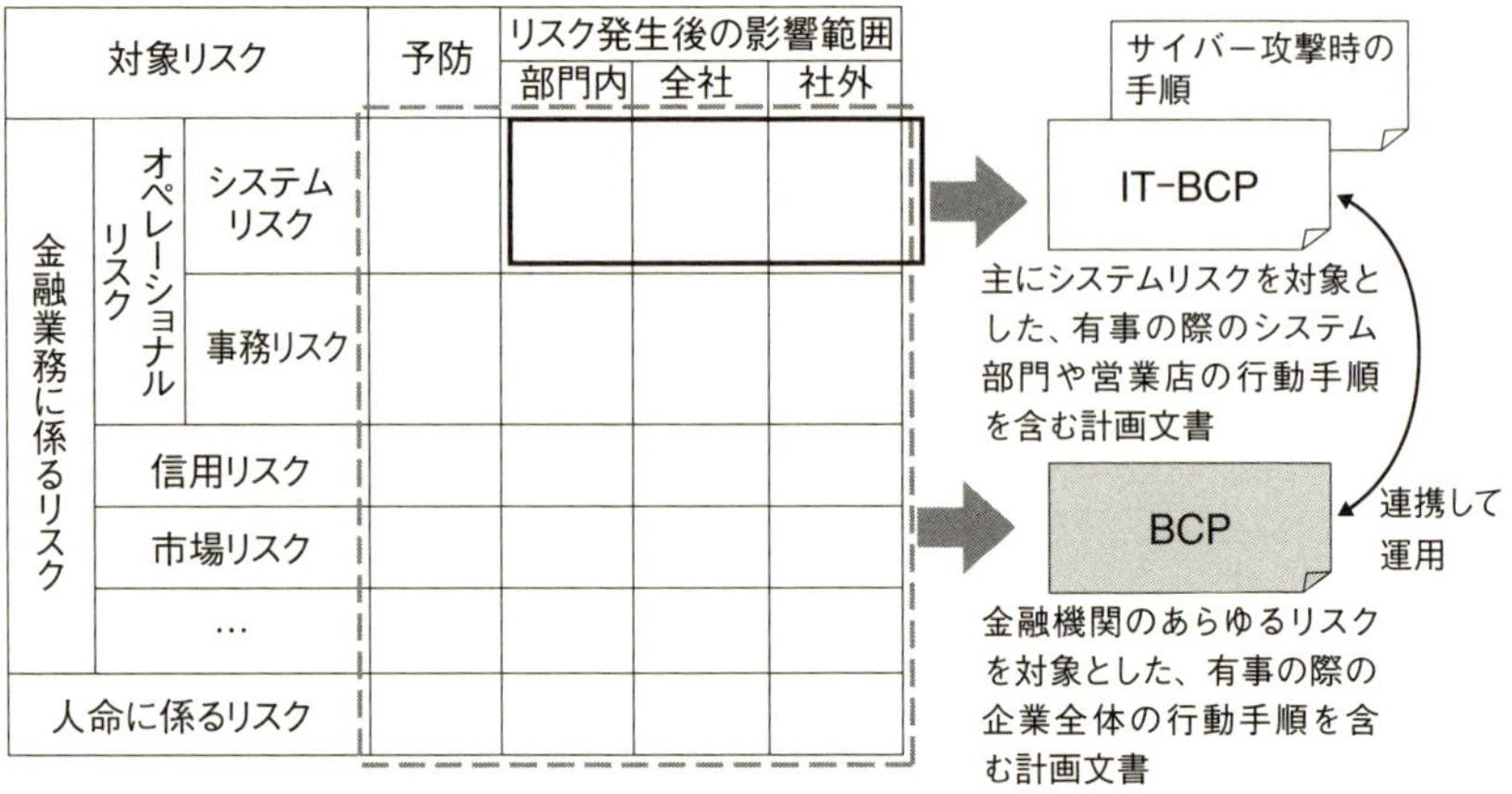

定めた手順書として位置づけられる。さらに、サイバー攻撃などへの対応手順は、ＩＴ－ＢＣＰで定義する対応手順の１つとして定義されるとの理解だ。

他方、金融機関の対応状況を点検すると、ＢＣＰは存在しているものの、ＩＴ－ＢＣＰに該当するものが存在していなかったり、なかには「システム復旧マニュアル」で代替したりしている場合もある。システム復旧マニュアルにしても、システムエンジニアしか読み解けないようなコマンドが羅列されたシートしか用意されていないケースもあり、外形的な手順書として整備されていない金融機関もある。ただ、金融機関の多くが基幹システムをアウトソースもしくは共同利用している現状において、システム対応手順の策定も委託先ＩＴベンダーに依存しているケースが多いことだろう。必ずしもそのような対応が誤りだとはいえないまでも、有事に際しては迅速な判断が求められ、判断の拠り所となるマニュアルが需要されるはずだ。また、手順書などを構造化して整理しておかない限り、更新作業もままならず、さらにはＢＣＰ訓練やサイバーセキュリティ演習を実施しようにもむずかしいだろう。そこで本章では、まずはＢＣＰ、ＩＴ－ＢＣＰの全体像を定義し、取り上げるべき重大リスクを念頭に置いた手順の策定手法を解説する。

2　金融機関におけるＢＣＰの全体構造

ＢＣＰの実装手法としては２つのパターンが存在する。シナリオベースとリソースベースだ（図16）。

シナリオベースとは、リスクごとに、異なる発生事象をパターン化・モデル化し、それぞれを起点に対応手順

図16　シナリオベースとリソースベースの比較

	シナリオベースでのシナリオ策定	リソースベースでのシナリオ策定
特　徴	リスクごとに、異なる発生事象をパターン化・モデル化し、それぞれを起点に対応手順を紐づけて定義	「本店」「システムセンター」「電力」など、インフラや特定リソースが利用不可となった場合を起点に、対応手順を定義
メリット	リスクごとに異なるシナリオを策定する必要があるものの、初動からの対応手順を詳細化しやすい。	リスクごとに複雑化する被災パターンを数多く想定する必要がなく、対応手順を定義しやすい。
デメリット	○たとえば、大地震の場合、「どこで起きるのか」といった視点で、リスクの発生ケースを網羅的に捕捉し、シーンに分解定義する必要がある。 ○リスクごとに手順書を分冊化する必要があるなど、ドキュメントの策定量が増加する。	○「何かが壊れた」時点から対応手順が定義される例が多く、本来必要となる初動部分の定義がもれがち。 •「地震は発生したが壊れていない」「地震が発生し、使えなくなる寸前」や「地震が発生したが、完全に壊れたかどうかわからない」など、リソース自体が影響を受けていない場合や、損壊程度を把握するための事前対応手順が定義されない例がある。

を紐づけて定義するＢＣＰの策定手法である。リスクごとに異なるシナリオを策定する必要があるものの、初動からの対応手順を詳細化しやすい。ただし、たとえば大地震を特定リスクとして取り上げた場合、「どこで起きるのか」といった視点で、リスクの発生ケースを網羅的に捕捉し、シーンに分解定義する必要がある。また、リスクごとに手順書を分冊化する必要があるなど、ドキュメントの策定量が増加する傾向がある。

リソースベースでは、「本店」「システムセンター」「電力」など、インフラや特定リソースが利用不可となった場合を起点に、対応手順を定義するＢＣＰの策定手法であり、イギリスなどを中心に発展してきたモデルである。リスクごとに複雑化する被災パターンを数多く想定する必要がなく、対応手順を定義しやすいのが特徴だ。ただし、「何かが壊れた」「何かの機能が損なわれた」といったリソースに影響が生じた時点から対応手順が定義される例が多く、本来必要となる情報収集段階などのシーンにおける初動部分の手順定義がもれる傾向がある。たとえば、「地震は発生したが壊れていない」「地震が発生し、使えなくなる寸前」や「地震が発生したが、完全に壊れたかどうかわからない」など、リソース自体が直接の影響を受けていない場合や、損壊程度を把握するための事前対応手順が定義されない、といった例がある。

なお本書では、シナリオベースでのＢＣＰ策定手順について取り上げている。

3　ＢＣＰのドキュメント構造とＩＴ－ＢＣＰとの連携

まずは、金融機関全体のＢＣＰのドキュメント構造について紹介する。シナリオベースを前提に、ＢＣＰのド

図17　BCPの検討範囲とIT-BCPとの連携イメージ

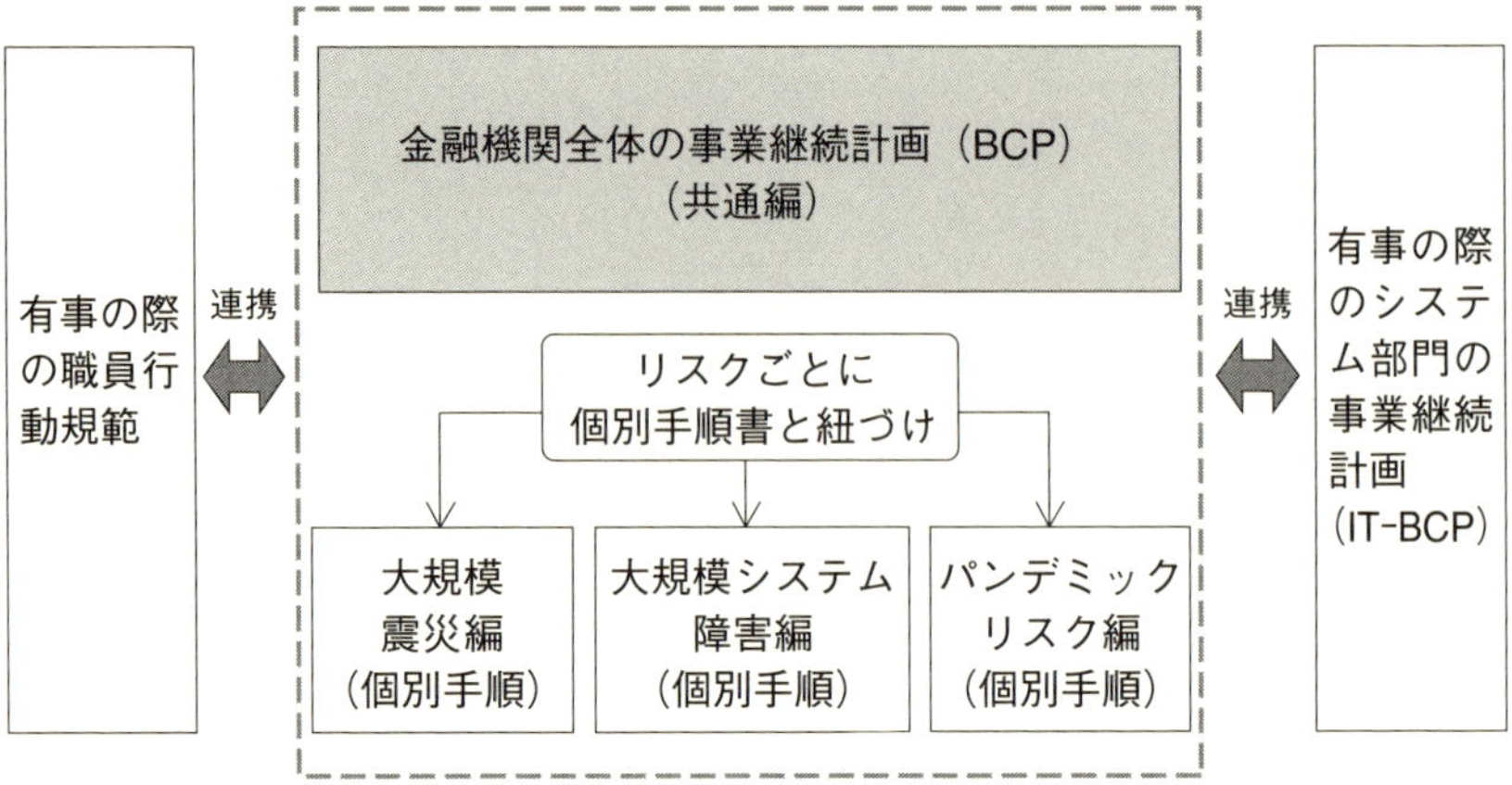

キュメント構造を示したものが図17である。

金融機関全体のBCPのうち、最も上位に位置づけられるのが「BCP共通編」である。共通編では、金融機関として認識する外部環境変化、対象とするリスク、リスク発現時の対応態勢、平時の組織と災害対策本部の関係、といった共通的なことがらを記載することとなる。なお、BCPにはBCM（Business Continuity Management）の概念をあわせて組み込むことが求められる（図18）。BCMは事業継続を実効的なものとするための包括的なフレームワークやマネジメントプロセス全体を指すものだ。そこで、教育計画や演習計画、更新のあり方などについても共通編で記載する。

そのうえで、リスクごとに個別手順書を作成していく。図17では参考として3つのリスクを取り上げている。大規模震災編、大規模システム障害編、パンデミックリスク編である。たとえば、大規模震災が発生した際、共通編は利用せず、個別手順書である大規模震災編のみを参照し、該当する有事対応手順を一つひとつこなしていく、といった利用が考えられる。共通編については、金融機関内部での職員教育の教材として利用したり、あるいは

図18　BCPとBCMの関係

○BCP（Business Continuity Plan）（注） 事業継続のための具体的な計画、あるいはそれを記した文書そのもの

○BCM（Business Continuity Management） 事業継続を実効的なものとするための包括的なフレームワークやマネジメントプロセス全体を指す

（注）“BCP”の語はイギリスとアメリカでは若干用法が異なり、アメリカではマネジメントの意味合いを含むとの解説もある。ISO/PAS 22399は、アメリカの規格も参照しつつ策定されているが、“BCP”については、（アメリカ風ではなくて）上記の使い分けに従った用法になっている。

ＢＣＰの全体像を整理・把握するためのツールとして位置づけたりすればよい。

4　ＢＣＰの策定に際して留意すべき形式性と実効性の観点

ＢＣＰ策定に際しては、何を定義すべきか、といった観点での形式性と、文言としては定義されているものの、はたしてその手順で有事の際の有意な対応がとれるのか、といった観点での実効性が求められている（図19および20）。

一般的には、内閣府のＢＣＰ策定ガイドラインやＦＩＳＣのコンティンジェンシープラン策定の手引書などを参照し、記載項目にもれがないよう留意する。特に実効性の観点での対応では、他社事例や東日本大震災などの実際のインシデントを通じて得られた知見をふまえ、５Ｗ１Ｈを意識した手順を策定する必要がある。なお、実際の某金融機関におけるＢＣＰの記載例と、当局における具体的な指摘ポイントを図21として例示している。当該金融機関ではＢＣＰにおいて

図19　BCP策定に際して求められる観点

形式性の観点	実効性の観点
金融機関のシステムコンプライアンスにおいて金融庁から指示されている FISC の CP 作成ガイドライン、内閣府のガイドライン等に準拠しているか	文言としては記載されているものの、有事の際にはたして運用上の効果が発現可能な対策となっているかどうか

「システムセンターの被災状況により、本店に災害対策本部を設置する。災害対策本部は、被災状況を確認し、対象システムが通常通りに動作しているかの確認、および対象業務の続行が不可能となるおそれがあると判断した場合、ＢＣＰの発動を決定する」と記載していた。ところが、後に金融当局から次のような指摘を受けている。たとえば、「『対象システムの正常動作の維持および対象業務の続行が不可能となるおそれがあると判断』するのが誰なのかが不明であり、緊急時対応への着手が遅延することが懸念される」といったものだ。これらの指摘からも、より具体的な手順の必要性が理解できる。

5　ＢＣＰ共通編の策定実務

(1)　目次体系

次に、ＢＣＰ共通編の策定実務について解説する。共通ＢＣＰで定義すべき項目は、図22のような目次体系が想定される。なお、本来は本部用および営業店用、といったように利用者にあわせてＢＣＰ共通編および重点リスクごとに策定する個別手順編についても本部用および営業店用に分冊化することが望ま

図20　BCPの形式性チェックと実効性チェック

［形式性のチェック項目］

（例）FISCの要求事項をもとに項目と内容を整理することにより、検討内容や記載内容の網羅性を確保

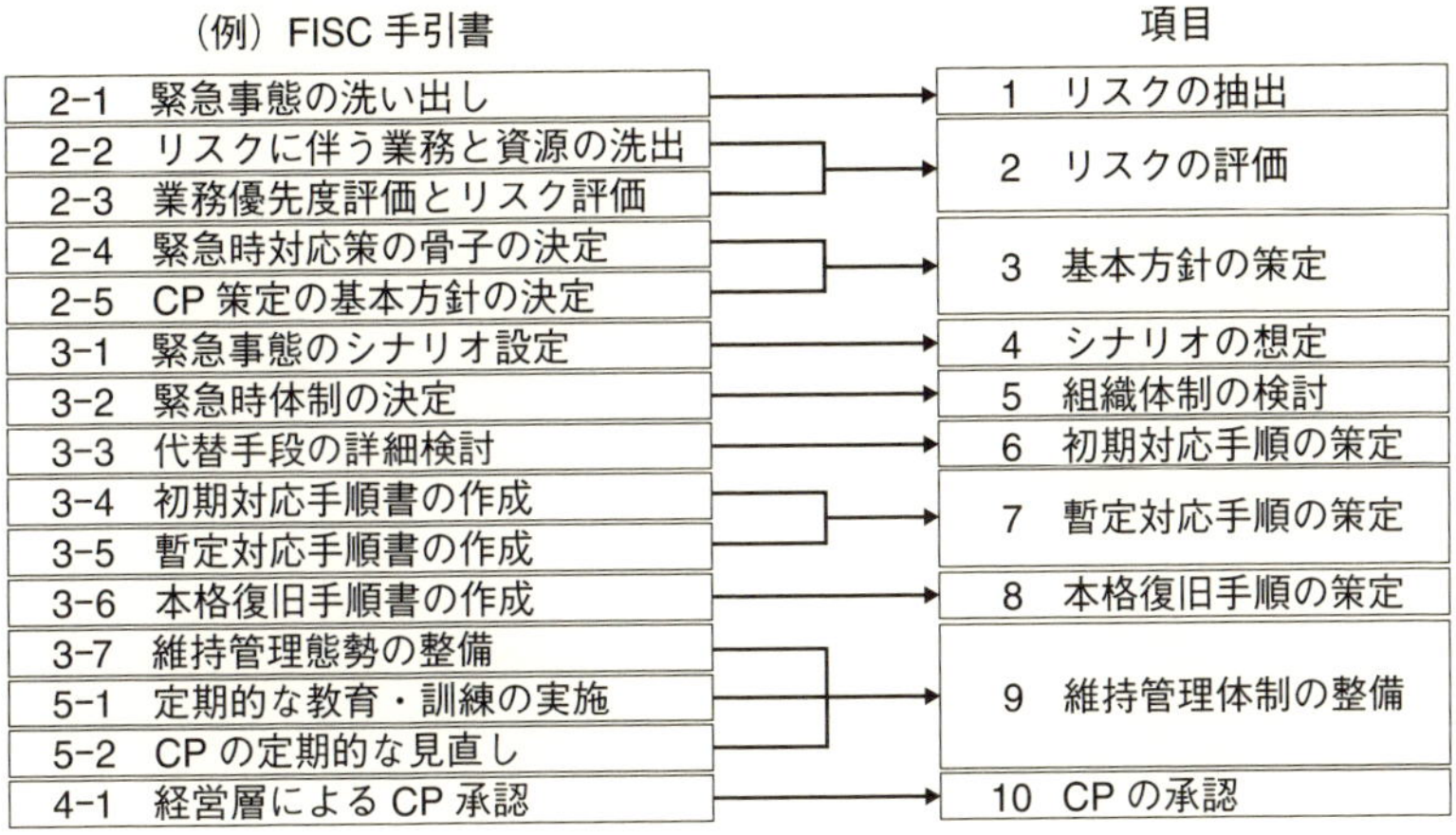

［実効性のチェック項目］

現実性・実効性の高いBCPを策定するために、他者事例や各種フレームワークを活用して、検討および記載すべき内容を工程別に整理

視点	項目	評価ポイント
ヒト	行動着手の契機	いつ着手するか
	判断材料の特定	判断基準は用意されているか
	ヒトの特定	だれが動くのか
	ヒトの代替	代替要員は確保されているか
モノ	対象物	必要なモノは特定されているか
	必要数量	必要な数量が特定されているか
	配備状況	モノは足りているか
情報	内部／外部との連携	だれと連携するか（対象組織／ヒト）
		何を連携するか（対象）
		どうやって連携するか（ツール）

（出典）FISC「金融機関等におけるコンティンジェンシープラン（緊急時対応計画）策定のための手引書」

図21　金融機関におけるBCPの記載と指摘ポイント

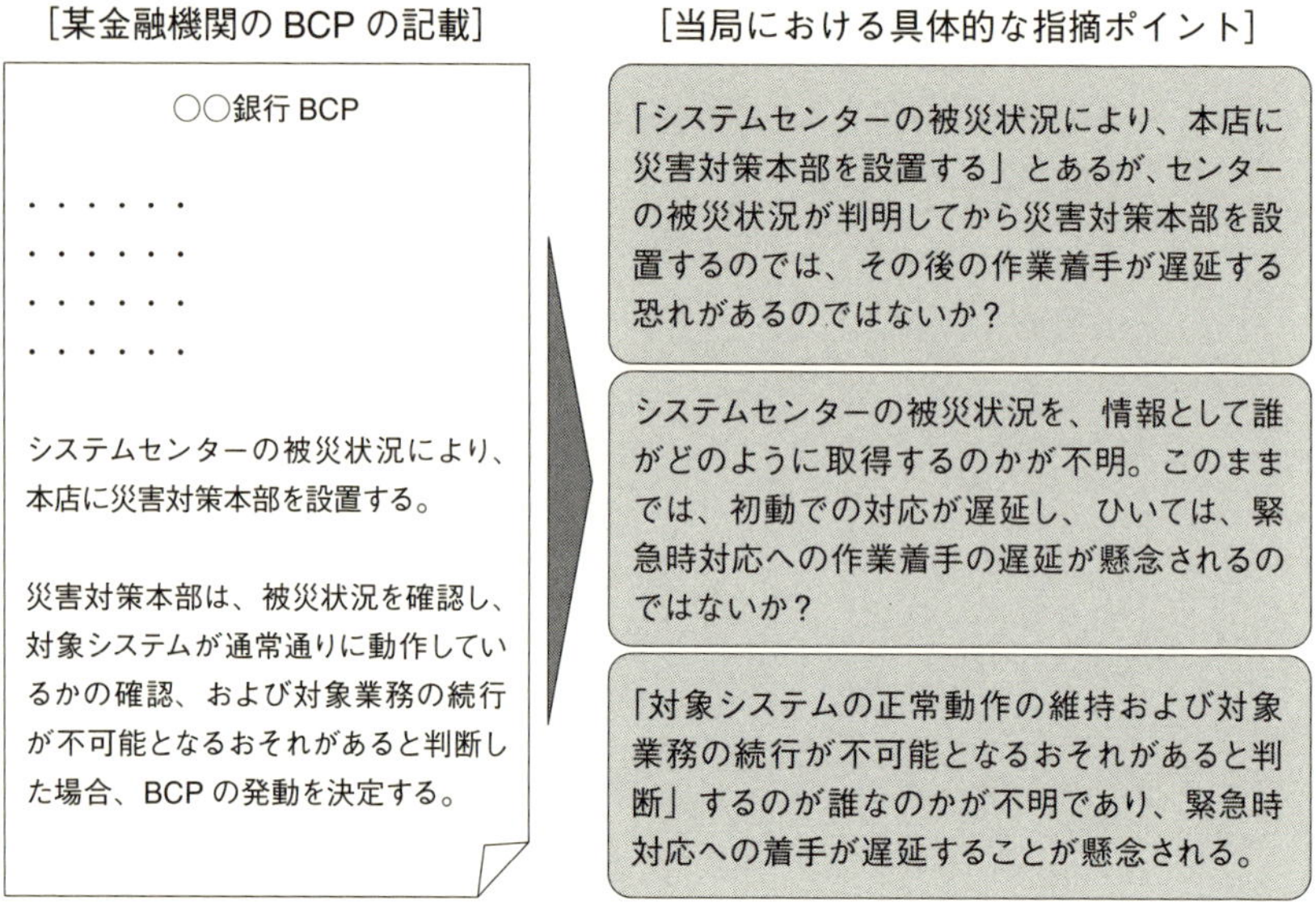

［某金融機関のBCPの記載］
○○銀行BCP
・・・・・・・
・・・・・・・
・・・・・・・
・・・・・・・
システムセンターの被災状況により、本店に災害対策本部を設置する。

災害対策本部は、被災状況を確認し、対象システムが通常通りに動作しているかの確認、および対象業務の続行が不可能となるおそれがあると判断した場合、BCPの発動を決定する。

［当局における具体的な指摘ポイント］

「システムセンターの被災状況により、本店に災害対策本部を設置する」とあるが、センターの被災状況が判明してから災害対策本部を設置するのでは、その後の作業着手が遅延する恐れがあるのではないか？

システムセンターの被災状況を、情報として誰がどのように取得するのかが不明。このままでは、初動での対応が遅延し、ひいては、緊急時対応への作業着手の遅延が懸念されるのではないか？

「対象システムの正常動作の維持および対象業務の続行が不可能となるおそれがあると判断」するのが誰なのかが不明であり、緊急時対応への着手が遅延することが懸念される。


しいが、本書ではまずはイメージをつかんでもらうことを目的に、本部用のＢＣＰ共通編を紹介する。

ＢＣＰ共通編は、金融機関全体における有事対応態勢のあり方や現況、更新手続などについて俯瞰している。前述のとおり、インシデントが発生した際にはＢＣＰ共通編は利用せず、主として計画全体の全容を把握することおよび職員向けの教育教材などとして利用されることを想定している。

ＢＣＰの概要で、金融機関を取り巻く環境変化や想定すべきリスク事象などを取り上げたうえで、金融機関として優先して対応すべき重点リスクを特定していく。そのうえで、重点リスクごとに想定するリスクシナリオの全容を個別に羅列しＢＣＰの発動基準や判断の拠り所について重点リスクごとに定義していく。次に、リスクシナリオに基づき実際にリスクが顕在化した際の継続業務を検討し、記載していくことになる。ＢＣＰ発動後、災害対策本部が設置されることとなるが、その設置場所や設置基準、災害対策本部の役割と平時の組織との関係について記述する。この際、災害対策本部を機能させるための要員参集のあり方や要員不足時の代替手段や緊急参集手順といった仔細にわたる考えについてもまとめておくことが望ましい。なお、災害対策本部が実行すべき非常時優先業務については、重点リスクごとにその対応内容が異なる。そこで、ＢＣＰ共通編においては、重点リスクごとの非常時優先業務の紹介にとどめ、非常時優先業務の詳細手順については別途重点リスクごとに策定する個別手順編を参照する、といった体系が利用しやすいだろう。

図22　BCP共通編の目次イメージ

目次

1　本BCPの概要
2　本BCPの対象とするリスク
3　想定するリスクの概要
4　BCP発動基準
5　リスク顕在時に優先して継続する業務
6　災害対策本部の概要
7　要員参集の基本的な考え方
8　非常時優先業務の概要
9　教育および訓練計画
10　本BCPの維持管理

(2)　想定リスクごとのシナリオと被害想定

「項目２：本ＢＣＰの対象とするリスク」については、図23のように定義することができる。共通ＢＣＰで定義する対象リスクは、極力広範に取り上げたうえで、実際に個別手順として定義すべき重要リスクを特定しやすくする工夫が求められる。図23では、「自然災害」「人的災害等」「大規模システム障害」「感染症」「その他リスク」に大別しているが、ＦＩＳＣのコンティンジェンシープラン策定のための手引書などを参照しつつ、自らを取り巻く地政学的因子も考慮し、記載するリスクを決定する。たとえば、海岸沿いに多くの店舗が立地する金融機関と、火山の近くに営業エリアを展開している金融機関では、取り上げるリスクも異

図23　想定リスクの定義例

自然災害	①　広域的な自然災害 　地震 　津波・高潮 　雪害 　風水害 　火山噴火 ②　局地的な自然災害 　落雷 　竜巻
人的災害等	①　火災等の突発的な事故 ②　情報機器等の破壊、テロ（爆弾、ガス等）、不法侵入等の事件 ③　労働争議、ストライキ、集団離職 ④　社会的インフラの遮断等 　電力供給遮断 　通信回線遮断 　交通網の遮断
大規模システム障害	①　コンピュータシステムや関連機器等のソフトウェア・ハードウェア・ネットワークの不具合・故障 ②　外部機関の罹災に伴うシステム障害 ③　外部の犯罪行為に起因するシステム障害 　不正アクセス 　サイバーテロ 　コンピュータウィルス等 ④　職員の過失によるシステム障害 　オペレーションミス 　リリースミス
感染症	①　感染症（新型インフルエンザ等） ②　食中毒
その他リスク	①　デマの流布やインターネット掲示板への書込み等の風評被害（風説の流布） ②　赤字決算、他行・他金庫での取付け騒ぎ等による信用不安の発生 ③　①②等を原因とする資金繰りの逼迫 ④　個人情報漏えい事故 ⑤　反社会的勢力との取引

なる。前者では津波被害への備えが重要であるし、後者では火山噴火のリスクを想定せねばならない。なお、ここでは広範に自らを取り巻くリスクを取り上げることが重要なのであり、ここで記載するリスクのすべてに対応した対応手順を作成する必要はない。そのうえで重点対象リスクの特定作業を実施する。たとえば、「本BCPにおいては、当行の業務へ特に大きな影響を与えると考えられる大規模震災、大規模システム障害およびパンデミックリスクを対応すべき重点対象リスクとし、それぞれについて個別手順書を策定する」といった定義が考えられる。あわせて「なお、今後BCPを維持・運用していく過程で適宜リスクアセスメントを行い、以下に取り上げていないその他リスクについても当行の業務への影響度に応じて個別手順書化を検討していく」といった情報の追補もBCMの視点においては望ましい対応となる。

本書では個別手順の作成対象となる重点対象リスクとして「大規模震災」「大規模システム障害」「パンデミックリスク」の3つを例示しているが、これ以外の他のリスクについても、該当するリスク発現時にはおよそ前記3つの重点リスクに紐づけて定義されている個別対応手順の一部を準用することで有事の対応の多くがカバー可能だ。たとえば、図23であげたリスクのうち一部については、重点対象リスクのいずれかと同様の対応手順をとることで対応が可能と考えられる。金融機関を取り巻くリスクと重点対象リスクとの対応関係は図24のように整理することができる。重点対象リスク以外の「当行を取り巻くリスク」発現時には、「当行を取り巻くリスクと重点対象リスクとの紐づけ」を参照しつつ、「対応する重点対象リスク」の個別手順書を適宜参照することによって復旧対応を図ることとする、と別途定義しておけばよい。これは、異なるリスクであっても、リスク自体の特性に着目することで「他のリスクの手順を援用可能」、との仮説をベースとした整理である。

次に、想定するリスクの概要について記載する。すでに重点対象リスクを3つに特定ずみであることから、リ

図24　当行を取り巻くリスクと重点対象リスクとの紐づけ

リスク分類		当行を取り巻くリスク	対応する重点対象リスク
内部起因のリスク	システム故障	ソフトウェア・ハードウェア・ネットワークの不具合・故障	大規模システム障害
	過失	オペレーションミス、リリースミス	
	内部犯罪	情報機器等の破壊	大規模震災
	その他	労働争議、ストライキ、集団離職	パンデミックリスク
外部起因のリスク	広域的	自然災害（地震、津波・高潮、雪害、風水害、火山噴火）	大規模震災
		感染症、食中毒	パンデミックリスク
	局地的	自然災害（落雷、竜巻）	大規模震災
		火災等の突発的な事故	
	故障	社会インフラの遮断等（電力供給遮断、通信回線遮断）	大規模システム障害
		外部機関の罹災に伴うシステム障害	
	犯罪	テロ（爆弾、ガス等）	大規模震災
		不正アクセス、サイバーテロ、コンピュータウィルス等	大規模システム障害

スクごとにその概要とリスクシナリオ、想定される被害について表現する。まず大規模震災においては「日本国内で大規模震災が発生する」、とした想定リスクを置き、地震の発生場所をパターン化のうえ図25のようにA～Cの3つのシナリオを検討する。また、それぞれの場所で震災が発生した場合には図26のような被害が想定される。

同様に、2つ目の重点対象リスクである大規模システム障害についても定義する。想定リスクとしては「基幹系システムにおいて

図25　大規模震災の想定シナリオ

シナリオ	震災の発生場所	シナリオ概要
A	県内の営業店立地地域内	当行の営業店立地地域内において大規模震災が発生
B	県内の営業店立地地域外	県内における当行の営業店立地地域外において大規模震災が発生
C	県外の他地域	県外の他地域において大規模震災が発生

図26　大規模震災の想定被害

シナリオ	想定被害
A	・いずれかの営業店が被災し、当該営業店において業務継続が困難となる。 ・システムの停止、公共交通機関の運休停止、ライフラインの供給途絶、電話やインターネットによる通信が困難となる可能性がある。
B	・システムの停止、公共交通機関の運休停止、ライフラインの供給途絶、電話やインターネットによる通信が困難となる可能性がある。 ・県内沿岸部の営業店が津波による被害を受け、業務継続が困難となる。
C	・県外の他地域で大規模震災が発生し、金融マーケットが混乱する。 ・海洋型地震の影響により、県内沿岸部の営業店が津波による被害を受け、業務継続が困難となる。

システム障害が発生する」といった条件を想定リスクに位置づけることが考えられる。この想定リスクは、「大規模システム障害」「軽微なシステム障害（故障、不具合等）」に分類される（図27）。

3つ目の重点対象リスクとなる「パンデミックリスク」については、「強毒性新型インフルエンザの発生」を想定リスクとし、インフルエンザの発生場所を勘案して図28のようなA～Cの3つのシナリオを検討する。

図27　大規模システム障害の想定シナリオ

分類	概要
① 大規模システム障害	・基幹系システムにおいて以下にあげるような事象が発生し、短期間での復旧の見通しが立たないシステム障害 ✓勘定移動取引を行うことができない。 ✓顧客手交媒体（通帳・証書）の出力に異常が発生している。 ✓金利関連および手数料関連取引において異常が発生している。 ✓自振処理において異常が発生している。 ✓為替業務において異常が発生している。 ✓非対面チャネルに異常が発生している。 ✓対外報告データに不備がある。 ✓その他所管部門長として、対策本部を設置する必要があると判断
② 軽微なシステム障害 （故障、不具合等）	・①に該当しない事象であり、一部のシステム・機器にこれらの影響が生じても、他システム・機器にすみやかに交代することで実質的にはこれらの影響が生じないシステム障害 （ATMが停止しても、同一店舗または近隣店舗のATMや窓口で対応可能　等）

図28　パンデミックリスクの想定シナリオ

シナリオ	強毒性新型インフルエンザの発生場所	シナリオ概要
A	海外	海外で強毒性新型インフルエンザが発生
B	日本国内、県内の営業店立地地域外	日本国内、あるいは県内における当行の営業店立地地域外において強毒性インフルエンザが発生
C	営業店立地地域内	当行の営業店立地地域内において強毒性新型インフルエンザが発生

図29　パンデミック発生時の被害想定

シナリオ	想定被害
A	当該地域への出張者の感染が懸念されるものの、業務遂行に与える影響はほとんどない。
B	当該地域への出張者の感染が懸念されるものの、業務遂行に与える影響は小さい。
C	職員の欠勤率が最大で40％まで上昇することにより、業務遂行に多大な支障を与える。

なお、パンデミックリスクで対応すべき感染症は、必ずしも新型インフルエンザとは限らない。そこで、国立感染症研究所や厚生労働省が定義する感染症の分類などを参考として紹介し、とりわけ国内での感染・流行リスクが高い新型インフルエンザの流行を想定する、と限定的にとらえることが有効だろう。

なお、弱毒性の新型インフルエンザが流行する可能性もあるが、これまでの発生事例を考えると季節性インフルエンザと同等の被害にとどまることが想定され、わが国政府の対応方針をみても強毒性インフルエンザの対応指針とは異なる取扱いとされている。したがって、「当行では弱毒性の新型インフルエンザが発生した場合については、季節性インフルエンザの一般的な対応方針を準用することとする」といった定義が有効である。なお、想定シナリオに基づき、それぞれの場所で強毒性新型インフルエンザが発生した場合には図29のような被害が想定される。

(3)　BCP発動基準の定義

次に、重点対象リスクごとに、BCP発動基準を定義する。有事に際しては、「だれがBCP発動可否を判断するのか」「判断者がいない場合はどうするのか」といった部分が混乱材料となるだろう。NTTデータ経営研究所が

図30　大規模震災発生時のBCP発動基準

BCP発動基準	BCP発動方式
・当行の営業店立地地域内において、震度６弱以上の大規模震災が発生	BCPを自動的に発動する。
・当行の営業店立地地域内において、震度５強以下の大規模震災が発生 ・県内における当行の営業店立地地域外、あるいは県外の他地域において大規模震災が発生	災害対策本部長（頭取）がBCPの発動要否を決定する。

評価した金融機関のＢＣＰでも、この部分の定義もれ事例を多数確認している。こういったケースでは、「当行の営業店立地地域において震度６弱以上の大規模震災が発生した場合には、ＢＣＰを自動的に発動する」とのＢＣＰ自動発動基準を明記することが重要だ。また、自動発動基準に該当しないケースでは、「営業店立地地域内において震度5強以下の大規模震災が発生した場合、営業店立地地域外あるいは県内の他地域において大規模震災が発生した場合には、災害対策本部長（頭取）がＢＣＰの発動要否を決定する」とすればよい（図30）。

なお、某金融機関では、図31のように、東海地震の発生を想定したうえで、個別具体的なＢＣＰ発動基準を定義している。このように、営業立地などを考慮し、その地政学的リスクを念頭に置いたＢＣＰ発動基準を定義することが現実的であるし、望ましい。

同様に、大規模システム障害発生時におけるＢＣＰ発動基準についても定義する。図32にあげる事象が発生した場合には、頭取がＢＣＰの発動要否を決定する。それ以外の軽微なシステム障害（故障、不具合等）が発生した場合には、ＢＣＰの発動対象外とし、通常の故障対応を実施する。

３つ目の重点対象リスクであるパンデミックリスクについては、海外、日本国内、あるいは県内における当該金融機関の営業店立地地域外において強毒性

図31　某金融機関における大規模震災発生時のBCP発動基準の例

想定地震	判断材料	緊急時対策本部の設置およびBCPの発動基準
①　重要拠点における地震	本店あるいは○○支点所在地で、震度6弱以上の地震を観測した場合	経営陣からの指示を受けることなく本部要員が災害対策本部を設置し、業務継続計画（BCP）を自動発動する。
②　東海地震予知情報「警戒宣言」が発令された場合	大規模地震対策特別措置法に基づく東海地震注意情報、または東海地震予知情報「警戒宣言」が発令された場合	
③　それ以外の地域における地震	①、②に定義した震度未満の地震が発生し、本店や営業店、システムセンターでの被害が報告された場合	災害対策本部長に就く予定の○○本部長が業務継続計画(BCP)を発動すべきかを総合的に判断し、すみやかに災害対策本部を設置する。

図32　大規模システム障害発生時のBCP発動基準

BCP発動基準	BCP発動方式
・勘定移動取引を行うことができない。 ・顧客手交媒体（通帳・証書）の出力に異常が発生している。 ・金利関連および手数料関連取引において異常が発生している。 ・自振処理において異常が発生している。 ・為替業務において異常が発生している。 ・非対面チャネルに異常が発生している。 ・対外報告データに不備がある。 ・その他所管部門長として、災害対策本部を設置する必要があると判断した場合	左記の事象が発生した際、頭取がBCPの発動要否を決定する。

図33　パンデミック発生時のBCP発動基準

BCP発動基準	BCP発動方式
海外で強毒性新型インフルエンザが発生	頭取がBCPの発動要否を決定する。
日本国内、あるいは県内における当行の営業店立地地域外において強毒性インフルエンザが発生	
当行の営業店立地地域内において強毒性新型インフルエンザが発生	BCPを自動的に発動する。

インフルエンザが発生した場合は、頭取がＢＣＰの発動要否を決定する、として定義することが考えられる。他方、当該金融機関の営業店立地地域内において強毒性新型インフルエンザが発生した場合には、ＢＣＰを自動的に発動する、といった自動発動基準を定義することも可能だ（図33）。なお、ＢＣＰ発動の判断はテレビ等のメディアによる報道や政府見解等に基づき実施することとなる。ただし、ＢＣＰを発動するときは、その際の判断証跡を残す必要があろう。

(4)　リスク顕在時に優先して継続する業務

大規模震災発生時および大規模システム障害発生時については、顧客における資金需要に迅速に応えることを目的に、「預金の払戻しの実行」「約定済融資の実行」および「為替取引」（緊急を要する場合のみ）を優先して継続することが考えられる。なお、営業店の復旧状況に応じて、これ以外の業務も随時実施していくこととなる。

次に、パンデミックリスク発現時には、別途、感染拡大のステージに応じた「業務縮退計画」を定めたうえで、パンデミックの発生場所および当行における罹患者発生状況に応じ、ＡＴＭや実施する窓口業務等を個別に定義することが考えられる（図34）。

そのうえで、営業店立地地域内においてパンデミックが発生した場合には、

図34　パンデミック発生時の業務縮退計画

サービス提供手段		感染状況			
		パターンA	パターンB	パターンC	
		海外で発生	日本国内、あるいは都道府県内の営業店立地地域外	営業店立地地域内	
				地域内発生時	営業店職員発症時
基幹系システム		通常運用	通常運用	通常運用	通常運用
インターネットバンキング・ファームバンキング・モバイルバンキング・テレフォンバンキング		通常運用	通常運用	通常運用	通常運用
重要ATM		通常運用	通常運用	通常運用	通常運用
ATM	店内	通常運用	通常運用	通常運用 もしくは休止	休止
	店外	通常運用	通常運用	通常運用	通常運用 もしくは休止
拠点窓口 （地域中核店舗）		通常営業	重要業務まで	重要業務まで	必須業務まで
窓口		通常営業	重要業務まで	重要業務まで	休止
渉外		通常営業	通常営業 もしくは休止	休止	休止

「継続対象業務」に定める「必須業務」「重要業務」を実施することとなる。

　また、内部において多数の罹患者が発生した場合には、一部営業店を閉鎖する可能性も視野に入れる必要がある。そこで、こうした場合には、頭取の判断により、「拠点窓口営業店」や「地域中核店舗」など、事前に定める営業店のみの窓口営業を実施することが考えられる。

　なお、パンデミック発生時には、あわせて継続対象業務も定義する。継続対象業務は「必須業務」と「重要業務」に整理され、「必須業務」は営業店立地地域内で強毒性新型インフルエンザが拡大した段階においても継続させる業務を指す。具体的には、「現金供給」「資金の決済」「資金の融通」といった視点で業務を個別に定義する必要がある。また、業務遂行に必要なシステムの定義や、広報活動などについても触れる。広報活動は大規模に実施することが困難な状況に陥っている可能性を念頭に、営業店の営業状況などについてホームページなどを通じて開示する、といった対応を定義することが考えられる。

また、「重要業務」は、営業店立地地域内での強毒性新型インフルエンザ感染初期段階において、業務範囲、業務量を縮小しつつも継続させる業務を取り上げる。重要業務としては、「資金の決済」「金融事業者間取引」「顧客相談」「事故届の受付・情報システムへの登録」などの機能を定義し、有価証券の買取り、行内の資金繰り対応、金融市場の価格変化の可能性をふまえたリスクヘッジ、といった項目を定義する必要があろう。かつ、それぞれの業務レベルについても定義しておくことが望まれる。具体的には、資金繰り対応については通常どおりの対応を施すものとしたうえで、顧客相談、事故届の受付や情報システムへの登録、といったものについては、必要最低限の対応にとどめる、といった業務水準を付記すべきであろう。

(5) 災害対策本部の概要

有事に際して中心的な機能を担うのが金融機関内において設置される災害対策本部である。災害対策本部を中心に非常時優先業務が遂行されることから、その態勢の検討には慎重を期す必要があろう。図35は災害対策本部の事例を示したものだが、被災状況によって要員が不足している場合は、その他役職員も適宜対応させることとする。なお、営業店については職員数が限定されるため、リスクが発生した際に特別な班構成を構築することは困難であることから、入念な体制図までは不要だろう。図35のうち、当該信用金庫では、担当班は班長1名、班員3名から構成され、班長は常勤役員、部門長、または災害対策本部長が任命した者が務める、と定義している。

なお、ここで重要なのは、災害対策本部の要員と代行順位の設定だ。「有事の際は集まった人間を中心に災対メンバーを組成するので、あらかじめ決めることはしない」とする金融機関も存在する。これはこれで必ずしも否定できないが、その場合、全職員にBCPで定義する非常時対応手順を浸透させる必要があろう。こうした取組みがない場合、緊急時における初動対応の着手が遅延するほか、職員間での責任感の欠如、といった様相を呈する可能性があるためだ。また、BCP訓練や演習などに際しても、役割分担がスムーズに進まなかったり、その場で個別に属人的に役割が与えられることから、訓練や演習のつど、自らが履行する役割が変わることで、訓練成果の積上げによる担当者個々人のスキルアップもままならなかったり

図35　信用金庫における災害対策本部の設置例

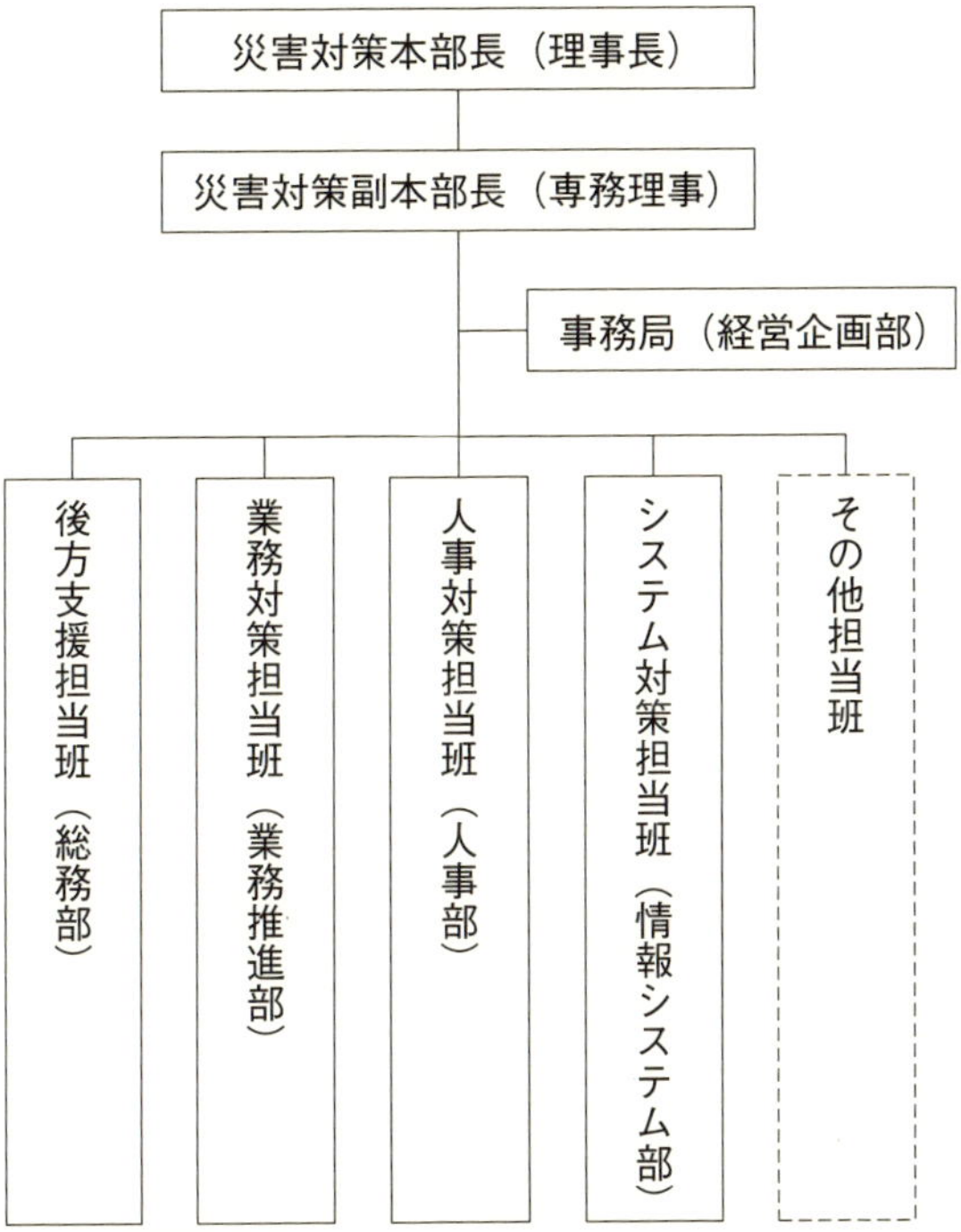

災害対策本部長（理事長）
災害対策副本部長（専務理事）
事務局（経営企画部）
その他担当班
システム対策担当班（情報システム部）
人事対策担当班（人事部）
業務対策担当班（業務推進部）
後方支援担当班（総務部）

する。

したがって、災害対策本部の要員はバイネームで定義したうえで、当該個人がなんらかの原因により災害対策本部に参集が困難となるケースを想定し、代行者についてもバックアッププランの一環としてアサインしておくことが望ましい。

次に、災害対策本部の各担当の役割について検討する。図36は災害対策本部の各担当を務める役職員・部署、およびその主な役割を例示している。各担当のリーダーは主に意思決定を行い、その他の担当班員はリーダーの指示に基づき非常時優先業務を実施する。各担当の要員についてもバイネームで示し、日頃から自らのミッションを自覚してもらうよう促すことが望ましい。また、訓練や演習を通じ、繰り返し非常時優先業務をこなすうちに、自然とマニュアルを読まずとも非常時優先業務を履行できる、内外組織との情報連携が可能となる、といった効果の発現が期待できるだろう。

次に災害対策本部の設置場所について検討する。緊急時においてのみ組成・設置される災害対策本部は、だれしもが「本店に設置するのだろう」といった感覚を持ち合わせていることだろう。しかし、なんらかの原因で本店建物が使用できない場合を想定すると、次善の災害対策本部設置場所も事前に決めておくべきだ。図37は、災害対策本部の設置・立上げに関するイメージを示している。

事前に複数の対策本部候補地を選定したとしても、「災害対策本部が利用不可となったために、第二災害対策本部に移動する」、とした場合、交通事情の悪化などを受けて人員の移動がままならないおそれがある。

そこで、複数の拠点で同時並行的に災害対策本部を立ち上げる、といったことが考えられる。拠点ごとの被災状況などを勘案し、後日、被害が軽微で人員が確保しやすい拠点に災害対策本部としての機能を徐々に集約すれ

図36　災害対策本部の各担当の役割

担当	役職員・部署	主な役割
災害対策 本部長	頭取	・危機管理対策に係るすべての指揮
災害対策 副本部長	専務取締役	・災害対策本部長を補佐し、危機管理対策の指示・命令
事務局	経営企画部	・危機発生に係る行内の被災情報の取りまとめ、および災害対策本部への報告 ・当局への報告、連絡、届出 ・広報対応 ・資金繰り管理 ・災害対策本部の各種事務対応
後方支援 担当班	総務部	・職員、被災者避難場所の設置 ・公共機関への連絡・対応 ・救援物資の調達、搬送 ・日本銀行との現金手配に係る対応
業務対策 担当班	業務推進部	・主要取引先の被災状況確認 ・預金払戻特別措置の実施 ・内国為替業務・手形交換業務の決済に係る対応
人事対策 担当班	人事部	・役職員およびその家族の安否状況確認 ・職員の出退勤状況の把握 ・救援・救護人員の派遣
システム対策 担当班	情報 システム部	・システムの被害状況の把握・調査・報告 ・業務委託先・受託先との対応

図37　災害対策本部の立上げパターン

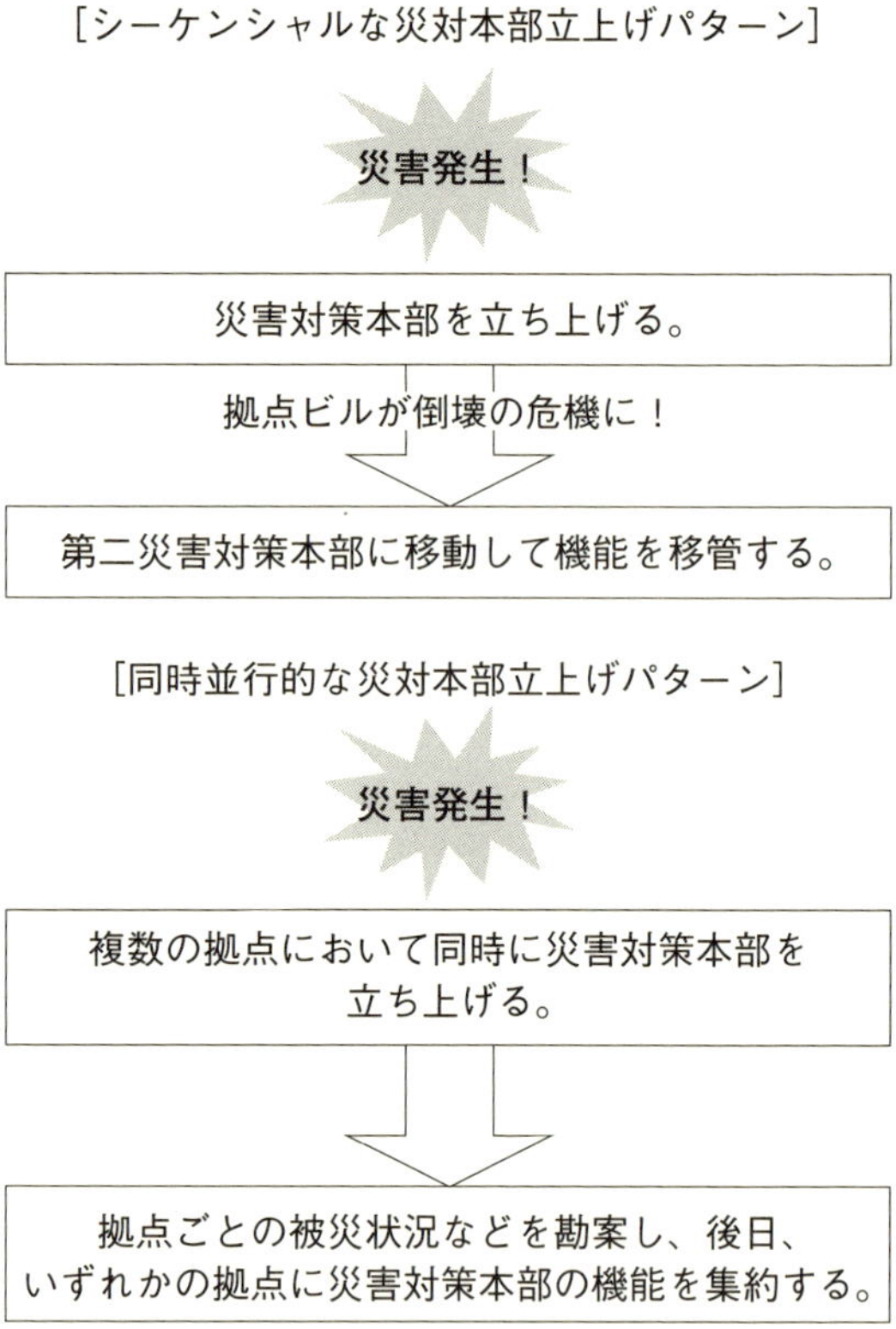
［シーケンシャルな災対本部立上げパターン］

災害発生！

災害対策本部を立ち上げる。

拠点ビルが倒壊の危機に！

第二災害対策本部に移動して機能を移管する。

［同時並行的な災対本部立上げパターン］

災害発生！

複数の拠点において同時に災害対策本部を立ち上げる。

拠点ごとの被災状況などを勘案し、後日、いずれかの拠点に災害対策本部の機能を集約する。


ばよいわけだ。

ＮＴＴデータ経営研究所が金融機関のＢＣＰ策定を支援する際も、災害対策本部の設置場所については第三候補まで定義するよう推奨している。その際は、もちろん同時被災の可能性を念頭に、異なる地形や物理的な距離感の保持を意識することが肝要だ。これにより、第二候補地や第三候補地に災害対策本部を機能させるうえで最低限必要なリソースを事前に配備しておくことも可能となる。また、災害対策本部に参集できないその他職員についても、第二候補地や第三候補地に参集させることが可能となり、拠点間での遠隔地連携をも非常時優先業務として組み込むことが可能となるだろう。

なお、災害対策本部において配置すべきリソースについても事前検討が必要だ。とりわけ、通信ツールについては複数の異なる手段を用意すべきだ。大規模震災などに際しては通信回線が使用不可となるケースが想定されることから、重要な拠点や頭取以下の主要幹部については、本店、幹部の自宅なども含め、いざというときに連絡がとりやすい衛星電話などを導入しておくことが理想的だ。また、拠点間での情報連携を有意に実現するためには、拠点ごとに複数の通信ツールを導入するだけではなく、普段利用する機会のない衛星電話などにも気を配り、通信ツールごとの連絡先や回線種別を一覧化して常備しておくことが望ましい。もちろん、外部機関についても緊急時にも意思疎通が可能な通信手段を一つひとつ確認のうえ、一覧化すべきである。

筆者がＢＣＰ策定やＢＣＰ訓練・演習を支援した某銀行では、公衆回線が使用できないことを想定のうえ、各フロアに衛星固定電話を配置するのみならず、主要幹部の多くに優先携帯電話をも配布している。実際のＢＣＰ訓練に際しても、利用可能な通信ツールを限定し、一般公衆回線やメール環境を利用せずに、組織間、外部機関との情報連携を実現するなど、実効性の高い訓練が繰り返し実行されている。

なお、通信ツールや連絡網以外では、ホワイトボードやペンなどの会議用備品、システム構成図、ネットワーク構成図、電源設備、パソコンの駆動や携帯電話の充電を可能とするためのＵＰＳや小型発電機、もちろん飲食料や寝具などが必要となるはずだ。

(6) 要員参集の基本的な考え方

次に、災害対策本部を機能させるうえで必要なリソースとして「ヒト」を取り上げる。

リスク発生時、災害対策本部の要員は、行内の被害状況を把握して災害対策本部の立上げを判断するため、災害対策本部設置場所に参集する必要がある。たとえば、大規模震災発生時における参集対象の役職員およびその参集基準は図38のような定義が有効だろう。ポイントは一定規模の地震が発生した場合には、会社からの参集指示や連絡がなくとも自動参集ルールにのっとって参集を実現させることだ。前述のとおり、大規模震災などが発

図38　大規模震災発生時の要員参集基準

<table>
<tr><th>組織名</th><th colspan="2">参集基準</th><th>参集対象の役職員</th></tr>
<tr><td rowspan="2">災害対策本部</td><td colspan="2">営業店立地地域において震度6弱以上の大規模震災が発生した場合（BCP自動発動基準）</td><td>・全災害対策本部要員</td></tr>
<tr><td colspan="2">営業店立地地域において震度5強以下の大規模震災が発生した場合</td><td>・頭取
・専務取締役
・経営企画部長（事務局長）</td></tr>
<tr><td rowspan="3">営業店</td><td rowspan="2">営業店立地地域において震度6弱以上の大規模震災が発生した場合（BCP自動発動基準）</td><td>平日営業時間帯に発災</td><td>・全職員</td></tr>
<tr><td>平日夜間・休祭日に発災</td><td>・店長
・店長代理
・役席者</td></tr>
<tr><td colspan="2">営業店立地地域において震度5強以下の大規模震災が発生した場合</td><td>・店長
・店長代理
・役席者</td></tr>
</table>

生した場合は通信輻輳などやメールの発着信遅延などが考えられ、「自分は職場に行くべきか（外出先から戻るべきか）」と会社に確認しようにも叶わない可能性が高いためだ。

また、参集時や、他の営業店などに物資や人を移送・輸送しようとした場合には、交通事情の影響を色濃く受けることとなる。図39は警視庁が公表した大規模震災発生時の都内における交通規制の計画内容から抜粋したものだ。東京都内では、発災後に環状7号線および国道246号線の内側では一般車両の都内への流入が禁止されることとされている。加えて、被害確認後においては、国道16号線以東の都県境では、一般車両の都内への流入が禁止されるなど、規制範囲が2段階で拡大される見通しだ。震災時の交通規制は、都道府県ごとに計画が公表されていることから、営業店立地エリア別に、必要な情報を収集し、事前に物資輸送や人員移送時の代替ルートの設計などに活用

図39　東京都における大規模震災時の交通規制

[東京での大震災発生後の一次規制]

発災後すみやかに、環状7号線および国道246号線の内側では一般車両の都内への流入が禁止される。

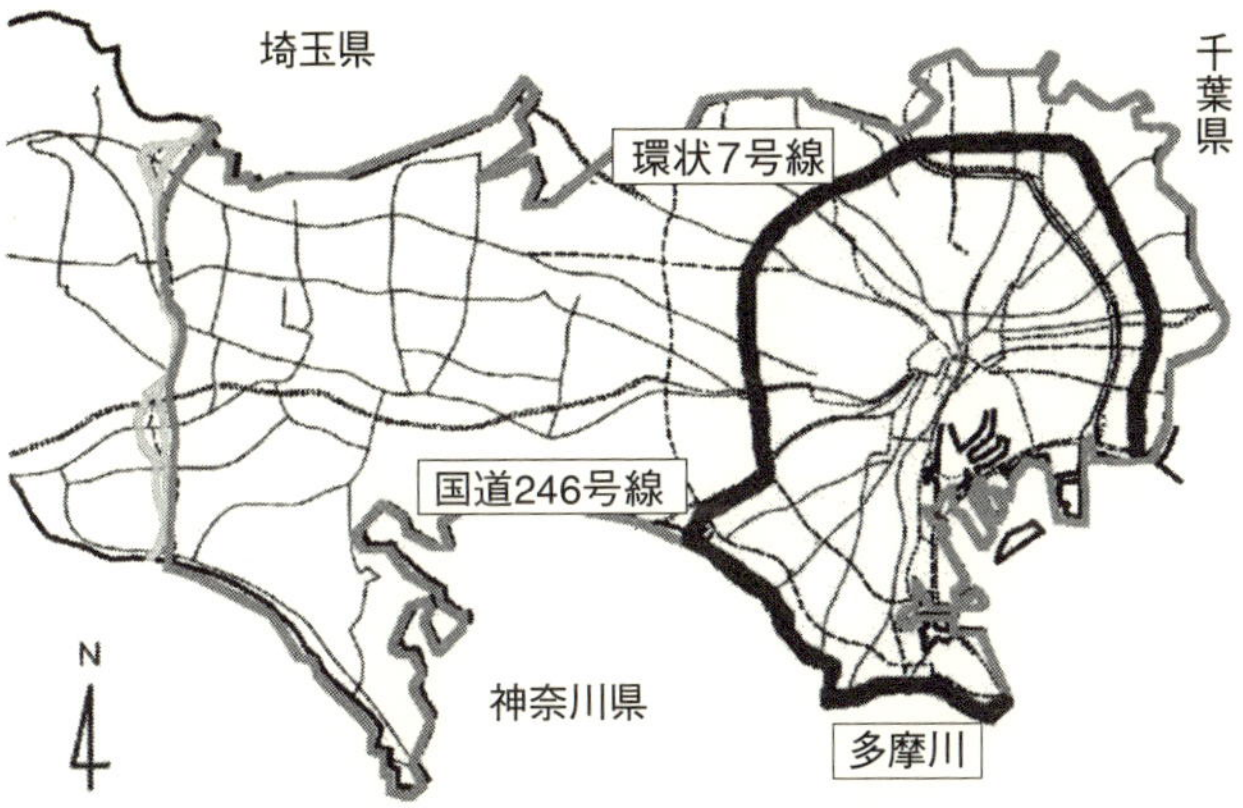

[東京での大震災発生後の二次規制]

被害確認後、国道16号線以東の都県境では、一般車両の都内への流入が禁止される。

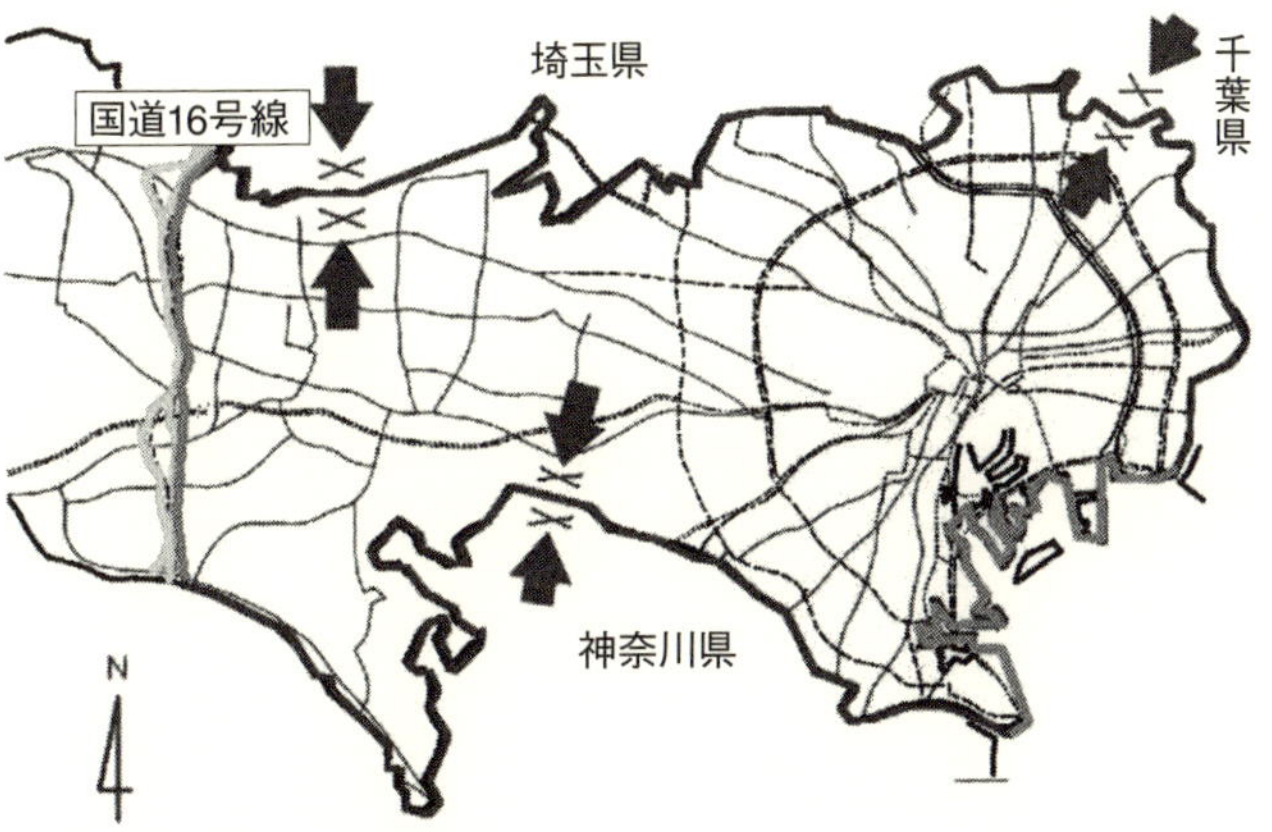

（出典）　警視庁公表資料より

図40　要員の自動参集モデル

リスク事象	本店／センター拠点の要員が自動的に参集する基準
大規模震災	○○県、○○県、○○県において震度６弱以上の地震が発生した場合
	大規模地震対策特別措置法に基づく東海地震注意情報、または東海地震予知情報「警戒宣言」が発令された場合
パンデミック	○○○○……
大規模障害	○○○○……

主要リスクごとに設定

することが有効だろう。

なお、大規模震災が発生した場合、通信インフラの破壊等により、指揮命令系統が必ずしも即時に機能しない可能性がある。このようなケースを想定し、一定の基準に合致した場合は要員が所定の拠点に「指示を受けずとも自動的に参集する」、といったルールを導入することも有効となろう。

図40は自動参集モデルの設定例である。災害対策本部の要員に限らず、本店やシステムセンターなどの重要拠点においても、有事の際に要員が自動的に参集するモデルを示したものだ。また、その際には、「○○部において、緊急時に参集対象となる要員は、本店、○○センター、○○それぞれの拠点の災害対策要員として事前に指名されたもの全員がこれに該当するものとする」と定義することもできる。あわせて、各拠点への要員参集ルールとしては、「本店において災害対策本部が設置され、○○部の災害対策要員として参集指示を受けた要員は、本店および各センター所定の災害対策拠点の設置場所にすみやかに参集するものとする。ただし、参集指示や連絡がない場合であっても、本店、○○、○○各拠点の災害対策要員は、以下の基準に従い、自動的に本店ビルもしくは各センター所定の災害対策拠点の設置場所にすみやかに参集するものとする（自動参集ルール）」と定義してもよい。

図41　非常時優先業務の実施順序

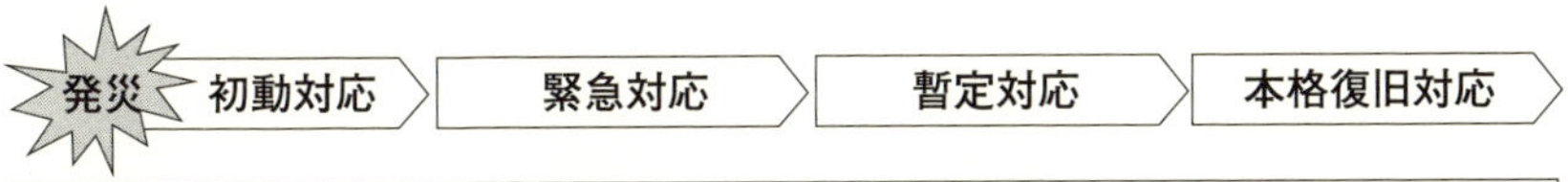

初動対応　　：リスク発生直後から発生後３時間程度までに実施すべき業務
緊急対応　　：リスク発生後３時間から翌日中に実施すべき業務
暫定対応　　：代替措置を講じて一時的・限定的に通常営業を遂行するために実施すべき業務
本格復旧対応：通常営業の再開に向けて実施すべき業務

(7) 非常時優先業務の定義

大規模震災および大規模システム障害では、リスクが発生した際に緊急的に非常時優先業務を実施する必要があるため、各非常時優先業務を以下の「非常時優先業務の実施順序」に従って策定する（図41）。なお、各区分の定義はあくまで目安であり、当然ではあるが必ずしも各非常時優先業務の当該区分の定義に従った実施を強いるものではない。緊急時には、各組織・各個人がそのつど合理的と判断した行動をとるべきだからだ。

他方、パンデミックリスクは海外発生段階から国内発生段階まで時間的な猶予をもって進行することが予見されるため、発生段階ごとに金融機関内部への影響度を推測し、それぞれ実施すべき業務を定義していく。

非常時優先業務はリスクごとに異なる。

大規模震災発生時には、図42のとおり、本部系、営業店系、と拠点に注目した峻別定義が有効だ。営業店においては、現金供給の最前線窓口としての機能が優先されるほか、顧客対応そのものへの配慮が欠かせない。そこで、営業店では極力絞り込んだ非常時優先業務を定義のうえ、「やらなくてよい業務」を定義すべきだろう。あわせて店頭での顧客の避難誘導や安全確保、店頭での情報発信や告知、といった定型業務をより詳細手順として決めておくことが肝要

図42　大規模震災時の本部におけるシナリオ別非常時優先業務の例

No.	対応区分	非常時優先業務	シナリオ別の実施要否 （●：実施する　－：実施しない）		
			A 県内の営業店立地地域内	B 県内の営業店立地地域外	C 県外の他地域
1	平時対応	業界団体への報告	●	●	●
2		緊急避難場所の特定および周知	●	●	●
3	初動対応	営業店への津波襲来による避難指示	●	●	●
4		災害対策本部設置場所への主要要員の参集	●	●	●
5		初期被災状況の把握（第１報）	●	●	●
6		災害対策本部の立上げ	●	●	●
7		災害対策本部設置場所へのその他要員の参集	●	－	－
8		役職員・家族の安否確認	●	●	●
9		県外で発生した地震の経過観察	－	－	●
10	緊急対応	営業店の詳細な被災状況の取りまとめ（第２報）	●	－	－
11		基幹系システムの運用情報収集	●	●	－
12		基幹系以外のシステムの運用情報収集	●	●	－
13		その他外部組織からの情報収集	●	●	－
14		当局への被災状況の報告	●	－	－
15		関係機関への被災状況の報告	●	－	－
16		広報対応	●	－	－
17		暫定対応移行の判断	●	－	－
18	暫定対応	営業店への人員・物資援助	●	－	－
19		営業店への業務支援	●	－	－
20		危機時における資金対応	●	－	－

No.	対応区分	非常時優先業務	シナリオ別の実施要否 （●：実施する　－：実施しない）		
			A 県内の営業店立地地域内	B 県内の営業店立地地域外	C 県外の他地域
21		被災した他金融機関の支援	●	●	－
22		営業店との情報連携	●	●	－
23		ITベンダー等との情報連携	●	●	－
24		当局・関係機関との情報連携	●	●	－

図43　大規模震災時の営業店における非常時優先業務の例

No.	対応区分	非常時優先業務
1	初動対応	営業店への参集
2		職員・家族の安否確認
3		災害対策本部との情報連携
4		職員・お客様の救護
5		職員・お客様の避難誘導
6	緊急対応	営業店からの退避準備
7		お客様への告知
8	暫定対応	預金の払戻しの実行
9		約定済融資の実行
10		為替取引の実行
11		現送の要請
12		人員・物資等の支援要請
13		被災した金庫の支援
14		仮店舗等による営業継続の準備
15		計画停電への対応

図44　教育・訓練（演習）のプロセス定義

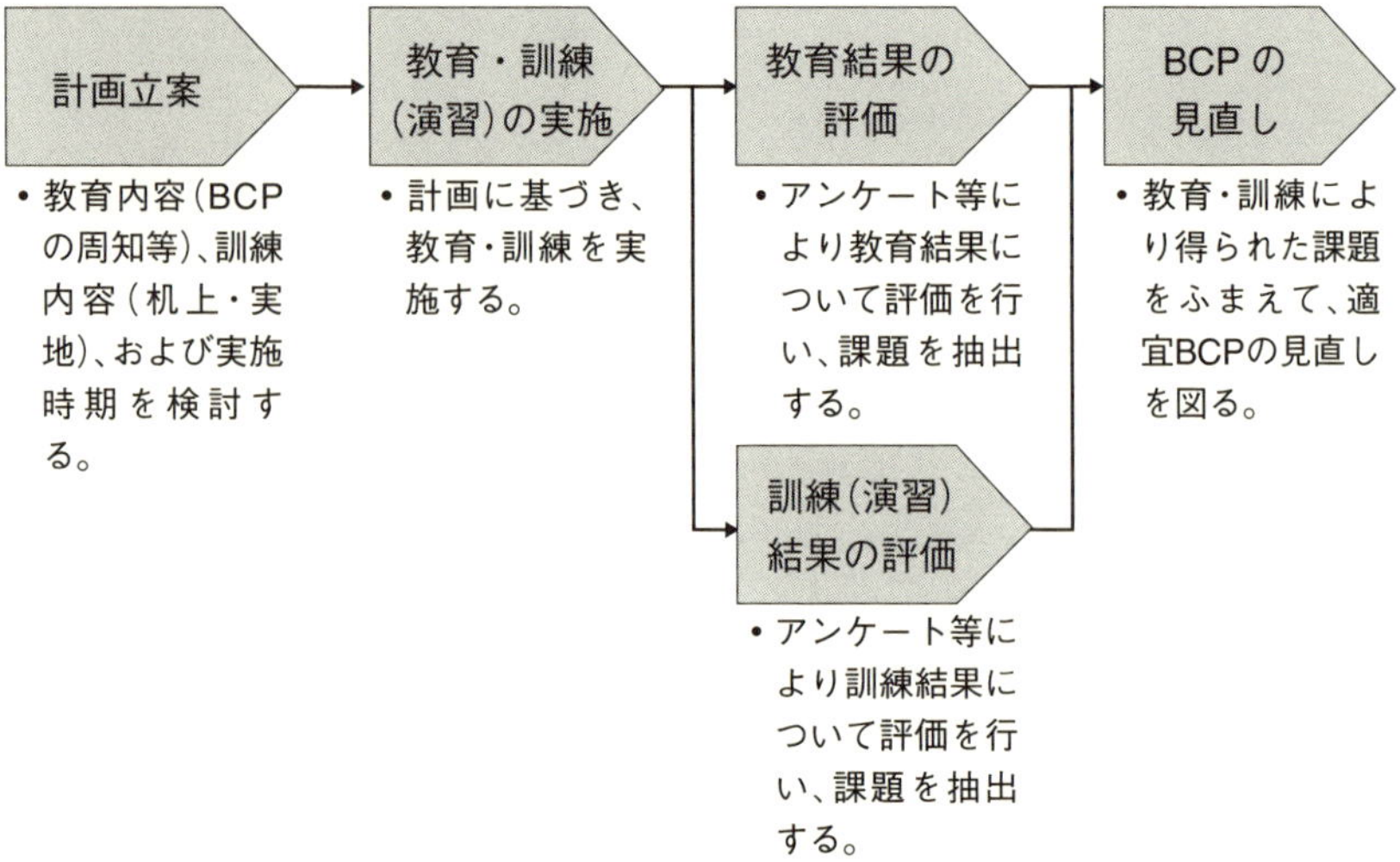
計画立案
・教育内容（BCPの周知等）、訓練内容（机上・実地）、および実施時期を検討する。
教育・訓練（演習）の実施
・計画に基づき、教育・訓練を実施する。
教育結果の評価
・アンケート等により教育結果について評価を行い、課題を抽出する。
訓練（演習）結果の評価
・アンケート等により訓練結果について評価を行い、課題を抽出する。
BCPの見直し
・教育・訓練により得られた課題をふまえて、適宜BCPの見直しを図る。

だ。

大規模システム障害やパンデミックリスクについても同様の非常時優先業務を本部、営業店と峻別して定義しておく。なお、重点対象リスクごとの非常時優先業務の詳細手順については本書では省略する。

(8) 教育および訓練・演習計画

ＢＣＰ共通編にて定義する教育・訓練は、発災時においてＢＣＰに従って的確に行動するための知識習得やＢＣＰの有効性検証を目的として実施するものである。教育・訓練は、図44に示すとおり「計画立案」「教育・訓練（演習）の実施」「教育・訓練（演習）結果の評価」「ＢＣＰの見直し」のプロセスで実施する。

教育については、新入職員が登場する毎年4月にあわせて実施、また、主要な人事異動のタイミングにあわせた実施が望ましい。伝えるべき内容としては、当行におけるＢＣＰの定義、重点対象リスクとその被災想定、リスクごとの非常時優先業務、本部と営業店での対応手順の差異、

図45　BCPで定義する訓練（演習）計画

No.	訓練項目	訓練内容	方式	実施頻度
1	連絡・指示訓練	発災時を想定した行内担当者との連絡訓練	実地／机上	年１回以上
2	BCP個別リスク（大規模震災）の対応訓練	大規模震災を個別リスクとして想定した業務継続訓練	実地／机上	年１回以上
3	BCP個別リスク（パンデミックリスク）の対応訓練	新型インフルエンザなどを個別リスクとして想定した業務継続訓練	実地／机上	年１回以上
4	BCP個別リスク（大規模システム障害）の対応訓練	ハードウェア／ソフトウェア故障などを個別リスクとして想定した業務継続訓練	実地／机上	年１回以上

有事に際しての職員の行動規範や参集基準、といったものが中心となろう。

ＢＣＰ訓練（演習）についてもその実行計画を含めて定義を行う必要がある（図45）。訓練方針・内容・実施予定日については、毎年度末において、翌年度分の計画を立案する際に定めることが望ましい。また、年間複数回の訓練をこなすことが有効だが、その際には異なるリスクを対象リスクとして取り上げ、リスクごとに非常時優先業務の手順を確認していく。

(9)　ＢＣＰの維持・更新条件の定義

ＢＣＰ共通編は、維持・更新手続の規程化で締め括られる。

ＢＣＰの実効性を高めることを目的として、ＢＣＰの内容を常に最新の状態に保つために定期的な改善活動を行うとともに、毎年度にその改善内容や見直された個別手順の中身について、金融機関内への周知徹底を図っていく。

ＢＣＰ見直しの契機は諸説あるものの、一般的には「訓練実施後」「人事異動や組織の大幅な変更時」などがタイミングとしては好適だ。あわせて、実際にドキュメントを管理したり、修正を加えたりする担当部門についても定義することが肝要だ。これらの要件を具体的に定義することで、ＢＣＰドキュメントが改善されずに放置されるといった陳腐化リスクを極小化していく。

6 大規模震災編（個別手順）の策定実務

(1) 目次体系

次に、ＢＣＰ共通編の配下で定義されるリスクごとの個別手順のうち、大規模震災編についてその策定手法を解説する。なお、本来は利用者の属性にあわせて本部編と営業店編、といったかたちの構成であるべきだが、本書では災害対策本部の機能を担う多くの職員が拠り所とする本部編について取り上げる。また、前述の共通編において解説した部分で、個別手順でも同様の記述が必要なものも存在するが、共通編と重複する部分については捨象している。

大規模震災編で定義すべき項目は、図46のような目次体系が想定される。

この目次体系はＦＩＳＣのＣＰ策定ガイドラインなどを参考に、ＮＴＴデータ経営研究所にて独自に定義した事例の１つを紹介している。大きく４つのフェーズを平時、初動、緊急、暫定として定義しており、大規模震災発生後に相当程度時間的猶予があってはじめて対応に着手することとなる本格復旧のフェーズについては、あえて災害対策本部の解散、といったイベントのみを用意している。このうち本書では、初動部分を中心に策定実務を紐解くこととする。

(2) 非常時優先業務

すでに示したシナリオ別（A、B、Cの3パターン）に実行すべき非常時優先業務のうち、初動対応で求められ

図46　BCPドキュメントの個別手順「大規模震災編（本部編）」の目次体系

【平時対応】
　緊急避難場所の特定および周知
【初動対応】
　営業店への津波襲来による避難指示
　災害対策本部設置場所への主要要員の参集
　初期被災状況の把握（第1報）
　災害対策本部の立上げ
　災害対策本部設置場所へのその他要員の招集
　役職員・家族の安否確認
　営業エリア以外で発生した地震の経過観察
【緊急対応】
　営業店の詳細な被災状況の取りまとめ（第2報）
　基幹系システムの運用情報収集
　基幹系以外のシステムの運用情報収集
　その他外部組織からの情報収集
　当局への被災状況の報告
　関係機関への被災状況の報告
　広報対応
　暫定対応移行の判断
【暫定対応】
　営業店への人員・物資援助
　営業店への業務支援
　危機時における資金対応
　被災した近隣金融機関の支援
　ITベンダー等との情報連携
　営業店との情報連携
　当局・関係機関との情報連携
　計画停電への対応
　仮店舗等による営業継続の検討
　本格復旧に向けた対応方針の決定
【本格復旧対応】
　災害対策本部の解散

図47　初動対応におけるシナリオ別非常時優先業務

対応区分	非常時優先業務	シナリオ A 県内の営業店立地地域内	 B 県内の営業店立地地域外	 C 県外の他地域
初動対応	営業店への津波襲来による避難指示	○	○	○
	災害対策本部設置場所への主要要員の参集	○	○	○
	初期被災状況の把握（第１報）	○	○	○
	災害対策本部の立上げ	○	○	○
	災害対策本部設置場所へのその他要員の招集	○		
	役職員・家族の安否確認	○	○	○
	営業エリア以外で発生した地震の経過観察			○

る要件を示したものが図47である。シナリオＢ・Ｃに該当する地震が発生し、災害対策本部長の指示により災害対策本部を立ち上げる場合には、災害対策本部長の指示に基づき、図47で示したもの以外の非常時優先業務についても必要に応じて実施する。

初動対応に区分される非常時優先業務については、地震の発生時間帯（平日営業時間帯／平日夜間・休祭日）および地震の発生場所（本店立地地域内／本店立地地域外）に応じて、図48のとおり実施する業務・順序が異なる点に留意する必要がある。図48は一つの定義例だが、該当する非常時優先業務ごとに、詳細手順を示したＢＣＰドキュメントの各ページへのリンクを貼っておけば、より利用しやすい。

大規模震災はいつ発生するかわからない。そこで、発生時間帯に着目し、「平日営業時間帯に発生する場合」「平日夜間・休祭日に発生する場合」といったように発生シーンに分解し、それぞれ作業フローを定義する。図49は平日営業時間帯に大規模震災が発生した場合の想定作業フローを示したものである。もちろん、ここでは周囲の状況確認とこれにあわ

図48　リスク発生状況別の初動対応の流れ

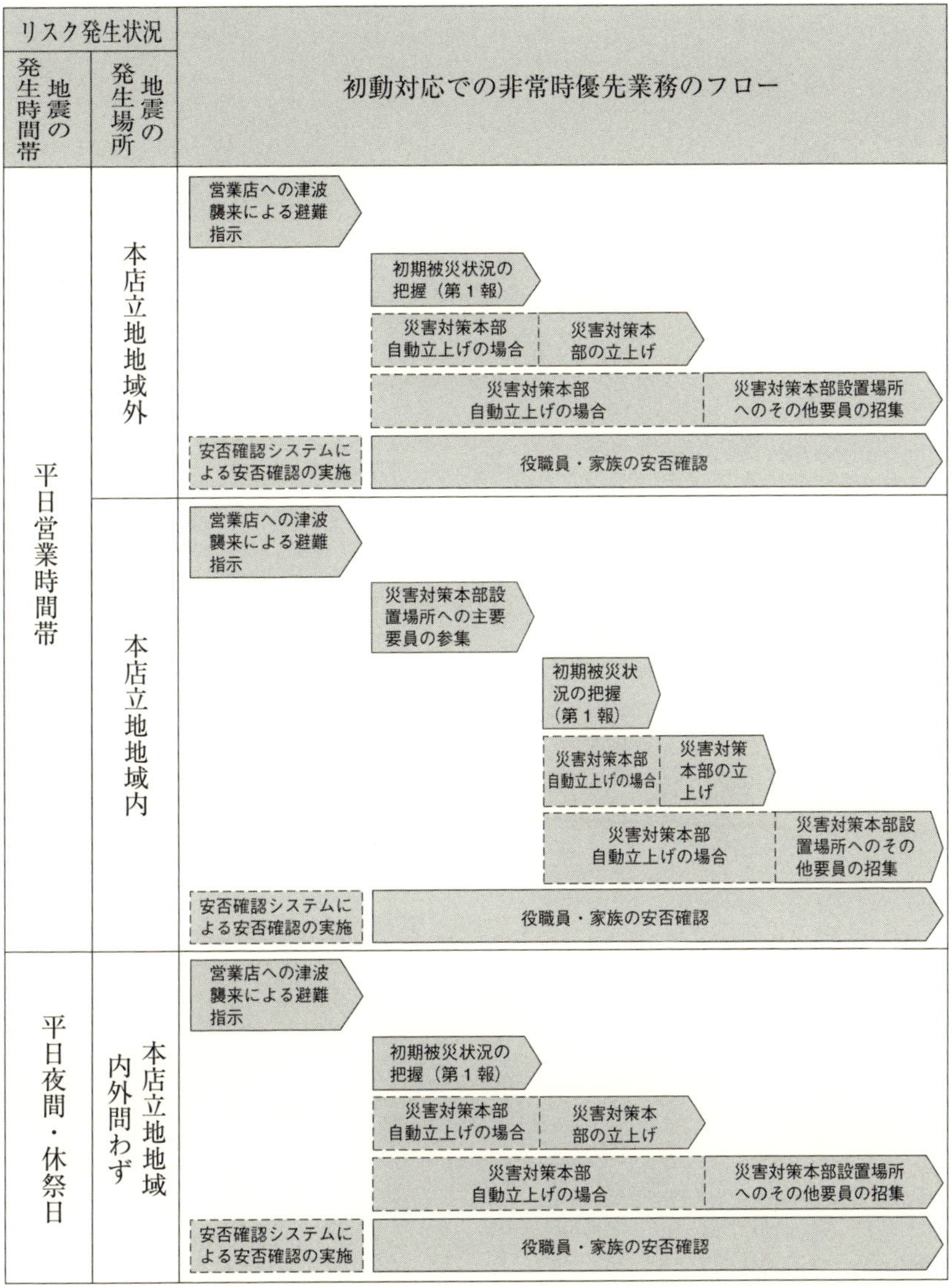
リスク発生状況
地震の発生時間帯
地震の発生場所
初動対応での非常時優先業務のフロー
平日営業時間帯
本店立地地域外
営業店への津波襲来による避難指示
初期被災状況の把握（第１報）
災害対策本部自動立上げの場合
災害対策本部の立上げ
災害対策本部自動立上げの場合
災害対策本部設置場所へのその他要員の招集
安否確認システムによる安否確認の実施
役職員・家族の安否確認
本店立地地域内
営業店への津波襲来による避難指示
災害対策本部設置場所への主要要員の参集
初期被災状況の把握（第１報）
災害対策本部自動立上げの場合
災害対策本部の立上げ
災害対策本部自動立上げの場合
災害対策本部設置場所へのその他要員の招集
安否確認システムによる安否確認の実施
役職員・家族の安否確認
平日夜間・休祭日
本店立地地域内外問わず
営業店への津波襲来による避難指示
初期被災状況の把握（第１報）
災害対策本部自動立上げの場合
災害対策本部の立上げ
災害対策本部自動立上げの場合
災害対策本部設置場所へのその他要員の招集
安否確認システムによる安否確認の実施
役職員・家族の安否確認

図49　平日営業時間帯に大規模震災が発生した場合の作業フロー

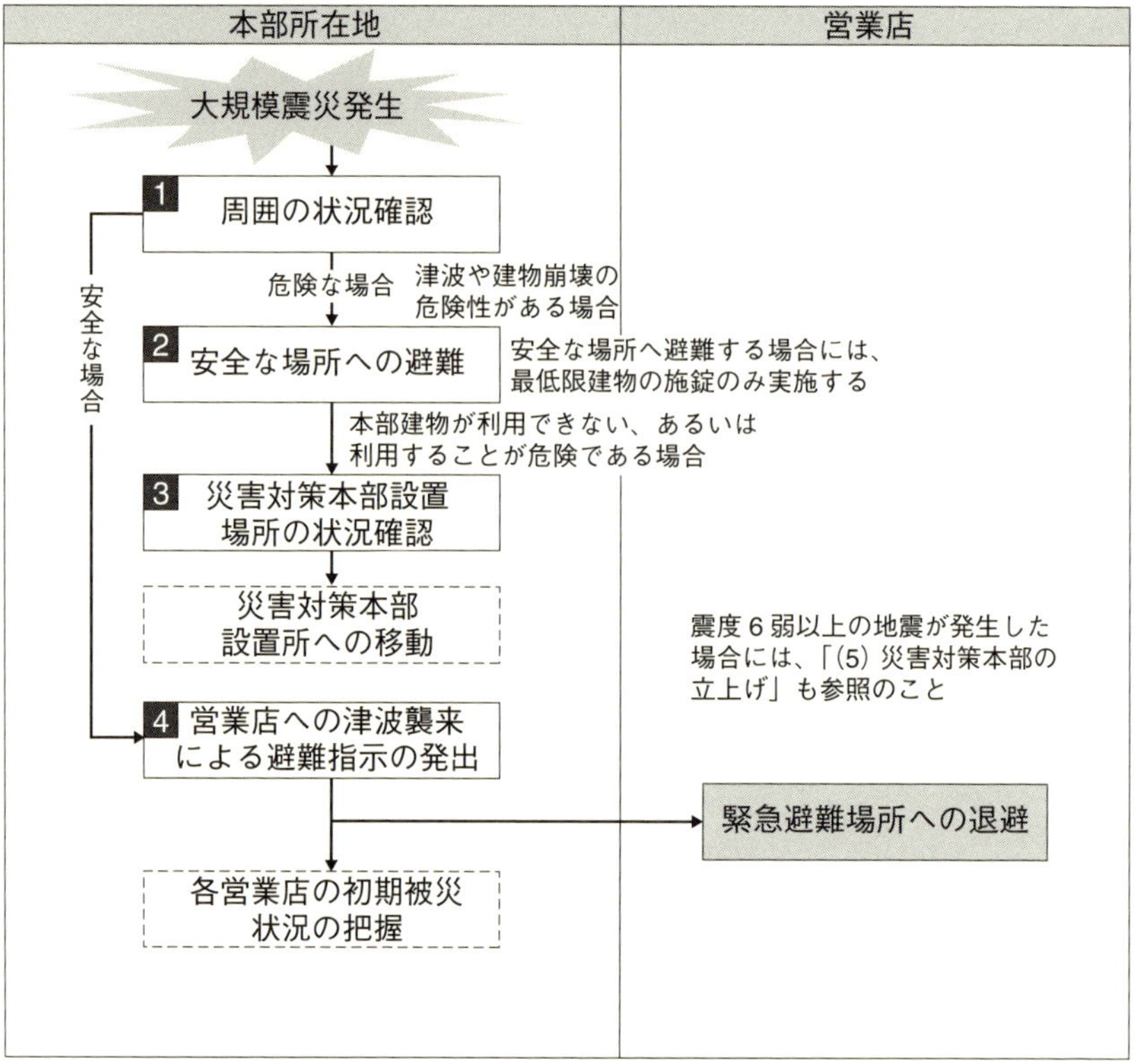

せた安全確保を優先することを念頭に、1〜4の作業を定義している。ここで重要なのは、本部や営業店の立地状況である。沿岸部などに店舗が集中しているケースを想定し、図49では営業店への津波襲来による避難指示の発出までを最優先で実施することとしている。

なお、この作業フロー別に、これらに紐づく詳細手順を示したものが図50である。図50では図49の作業フローのうち項番3と4を詳細化して抜粋しているが、作業内容のほか、予定される作業担当者、作業に際しての留意事項、作業に必要なリソース（この場合は連絡先一覧）などを記入する。こ

図50　作業フローに紐づく詳細手順

項番	作業事項	作業担当者	留意事項	必要リソース
3	➢災害対策本部設置場所の状況確認 ✓災害対策本部設置場所の建物にいる職員に対し、災害対策本部を設置可能であるかを事前に確認する。	総務部職員（後方支援担当班員）	✓大規模震災発生時は通信回線の途絶や輻輳が発生する可能性があるため、災害対策本部設置場所の建物にいる職員と連絡がとれる場合にのみ実施する。	
4	➢営業店への津波襲来による避難指示の発出 ✓身の安全が確保されており、かつその他営業店立地地域において津波警報が発令されている場合には、直ちに津波襲来のおそれのある営業店に避難指示を発出する。	総務部職員（後方支援担当班員）	✓営業店への避難指示に際しては電子メールあるいは電話を用いて営業店の管理職と即座に連絡をとる。 ✓エリア内の営業店立地地域外や県外の他地域で大規模震災が発生した場合、各営業店における揺れは小さくとも沿岸部の営業店への津波襲来が予見されるため、津波の状況を考慮しつつ必要に応じて当該業務を実施すること。	別紙○当行連絡先一覧

れらの作業が定義されていない場合、演習時における初動対応の履行や再現が困難となるため、具体的かつ現実的な定義づけが必要だ。

ＮＴＴデータ経営研究所では、非常時優先業務単位でそれぞれ4ページを目安に手順書を整備することを推奨している。たとえば、図51のような業務ごとの手順書があれば、ＢＣＰ訓練や演習に際しても、必要な要員が必要な手順書のみを抜粋して利用可能となるなど、実効性を高める効果が期待できるだろう。ここでは、「非常時優先業務の概要」「関係連絡先一覧」「全体フロー」「詳細手順」の4枚のイメージを示している。

「非常時優先業務の概要」では、業務の開始契機（タイミングや基準）、到達目標（どの水準で）、目標時間、作業における留意点などを示している。

「関係連絡先一覧」は、当該業務において連

［全体フロー］

本作業の全体フローを記載

［詳細手順］

全体フローから、実施すべき
作業単位に詳細手順を記載

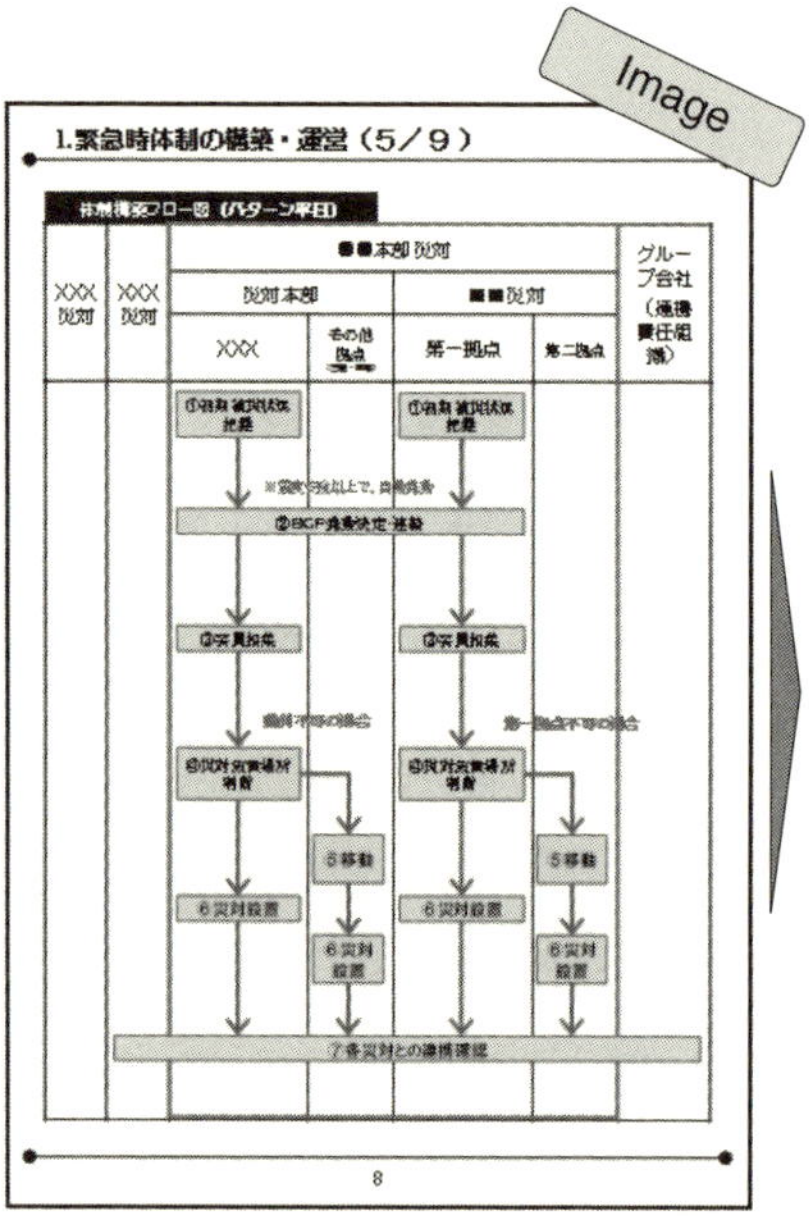

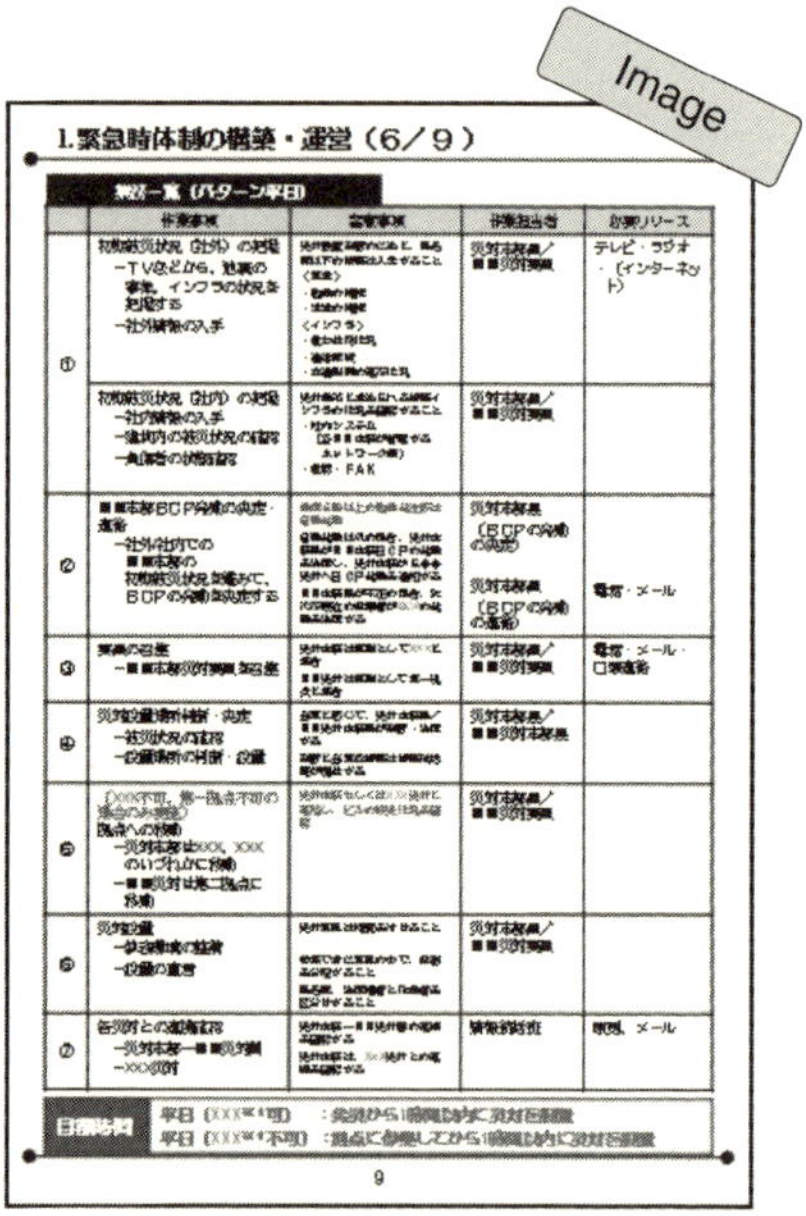

携すべき内外の関係者がリストアップされており、通常の通信手段や非常時の通信手段として、固定電話、携帯電話、衛星電話、優先電話といった固有の情報を入力する。

「全体フロー」は当該業務の全体を俯瞰したようなワークフローを示しており、これさえみれば、業務全体の作業の流れや関係先との連携イメージ、作業順序などが一目でわかる。

「詳細手順」は全体フローで記載した作業を実施するための補完材料を詳細に示したものだ。非常時優先業務を構成する個別作業を実施するうえでは、特異点や留意点などが存在する

図51　非常時優先業務ごとに作成する手順書のイメージ

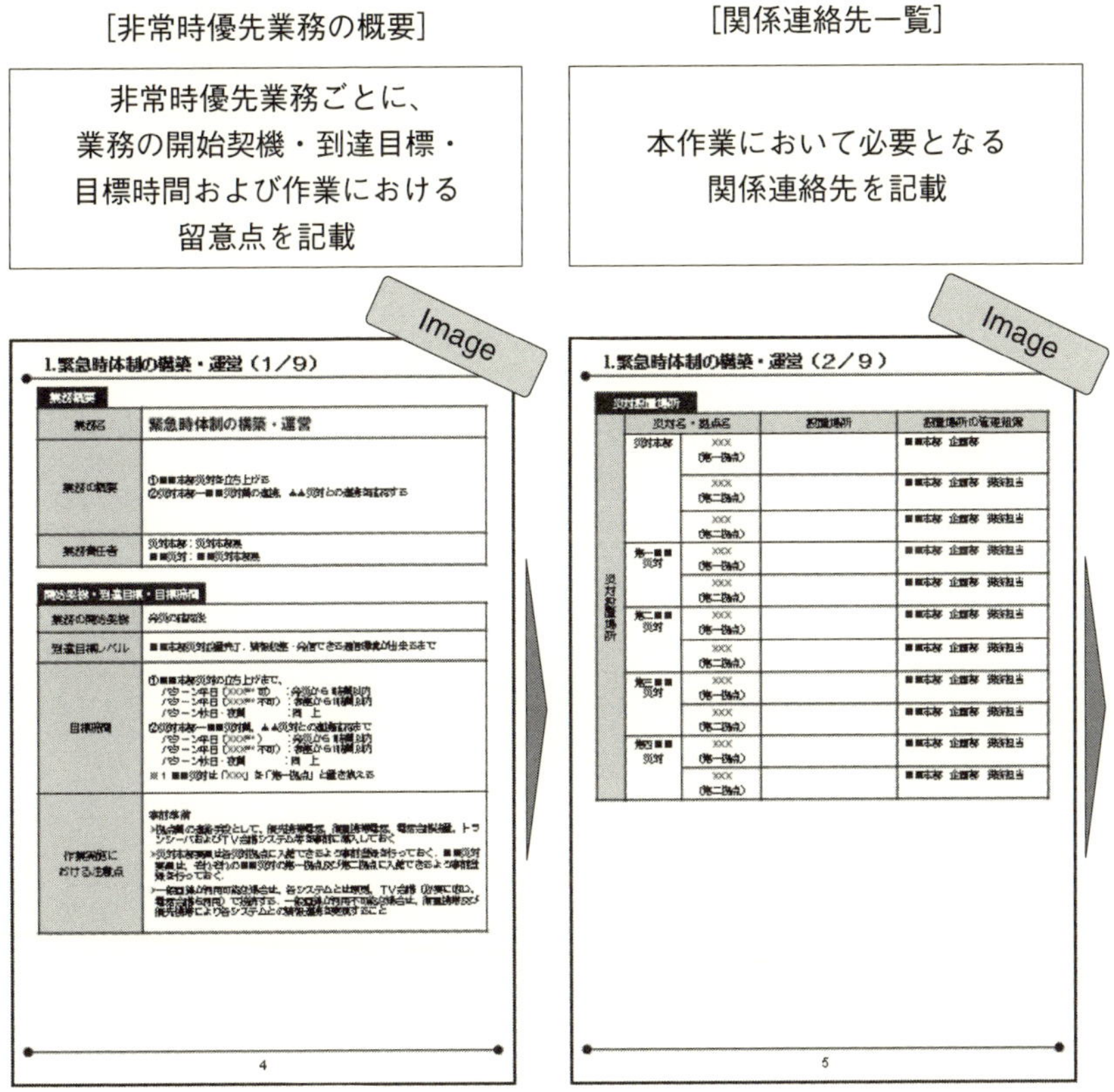
[非常時優先業務の概要]
非常時優先業務ごとに、
業務の開始契機・到達目標・
目標時間および作業における
留意点を記載
[関係連絡先一覧]
本作業において必要となる
関係連絡先を記載
Image
1.緊急時体制の構築・運営（1／9）
緊急時体制の構築・運営
4
Image
1.緊急時体制の構築・運営（2／9）
5

ことだろう。ここでは、それらを当該業務や作業に精通していない者であっても、これさえ参照すれば業務が遂行できる、といったことを目標に極力丁寧に記述することが求められる。

ＢＣＰ全体ではドキュメントとして分厚いボリュームになりがちだ。ただし、非常時優先業務については、災害対策本部が設置され役割分担がなされれば、必要な非常時優先業務を組織ごとに実行することとなる。その際、割り当てられた非常時優先業務について、分厚いＢＣＰドキュメントのなかから図51のような非常時優先業務別の手順書を抜粋して利用すれ

図52　参集対象者と災害対策本部設置場所

［参集対象者］

地震の発生状況	参集対象者
営業店立地地域において震度6弱以上の大規模震災が発生	✓全災害対策本部要員
営業店立地地域において震度5強以下の大規模震災が発生	✓災害対策本部長 ✓災害対策副本部長 ✓事務局長

［災害対策本部設置場所］

設置順位	設置場所	住所
1	本店●●階●●会議室	●●市●●
2	●●支店●●階●●会議室	●●市●●
3	●●支店●●階●●会議室	●●市●●

ば、効率的に業務遂行が可能となるだろう。

(3)　災害対策本部設置場所への要員参集

営業店立地地域で大規模震災が発生した場合、災害対策本部要員は災害対策本部設置場所に参集する。その際、参集対象者をあらかじめ定義しておくことが望まれる。また、地震の発生状況にかんがみ、パターン化しておくことも有効である。図52は地震の発生状況を「発生場所」と「地震の規模」に着目したうえで、それぞれの参集対象者を定義している。このように、あらかじめどのようなケースでだれが参集すべきかを定義しておけば、緊急時の混乱を少なからず避けることが可能となる。また、図52および53のように、災害対策本部の設置場所について設置順位を含めて定義しておくことで、職員間での参集場所確認といった作業から解放される効果も期待できる。

図54は平日営業時間帯に大規模震災が発生した場合の作業フローである。同様に、平日の夜間や休祭日に

図53　災害対策本部設置場所への要員参集フロー

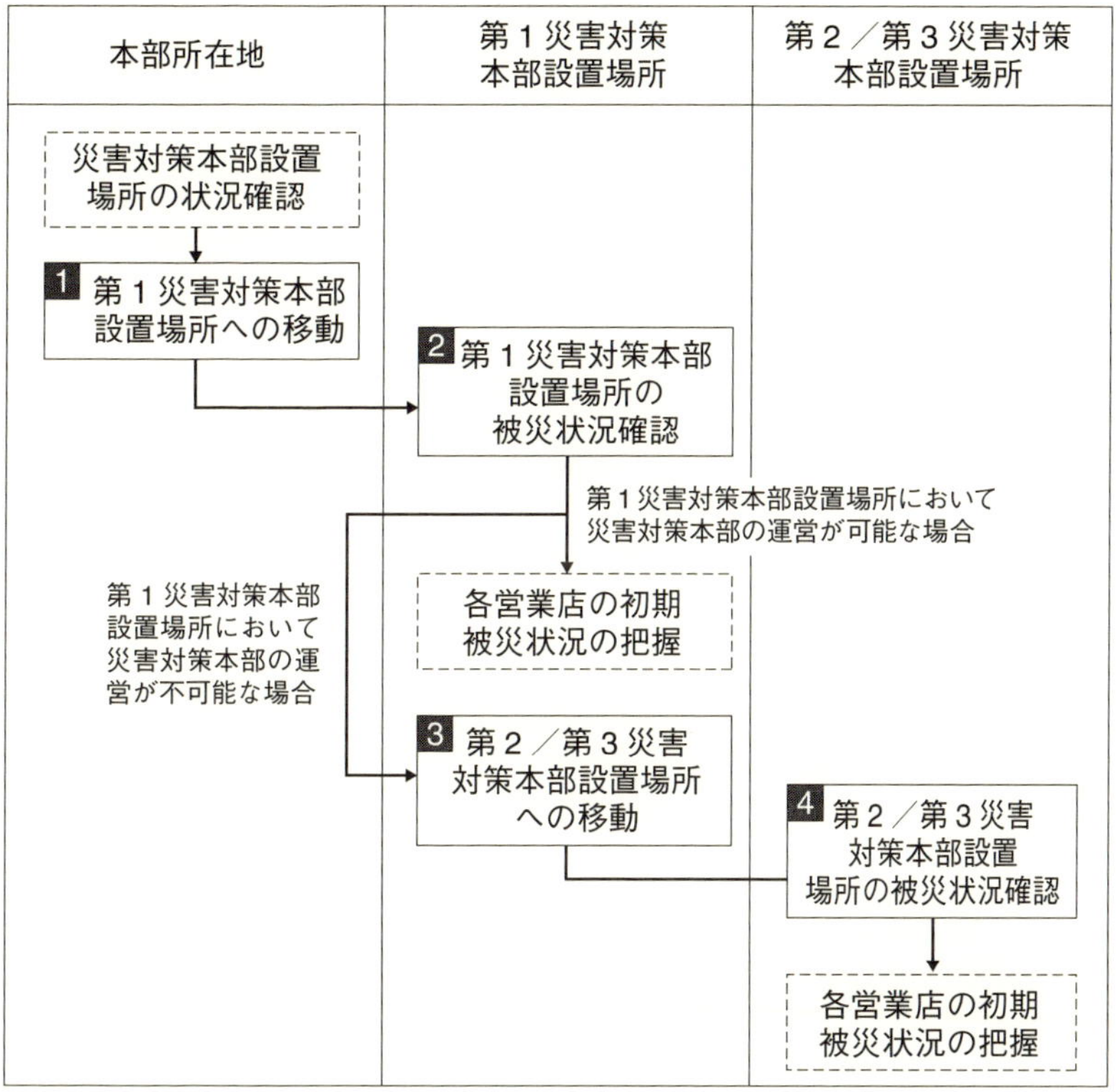

発災した場合も想定し、作業フローを別途策定する。たとえば、図55のような平日営業時間帯とは異なるフローが定義できるはずだ。夜間発災時は交通手段が途絶したり、外部電力の供給がなされなかったりする可能性など、災害対策本部への参集自体にリスクが伴う。そこで、必要に応じて「夜間発災時には情報収集に努めることとし、明朝、交通手段が確保できる場合のみ参集する」といった定義をすることも考えられる。特に夜間の参集可能性に着目し、特定の省庁や自治体、大手企業などの一部については、非常時参集要員を職場近くの官舎や借上社宅などに居住させることで、交通手段

図54　平日営業時間帯に大規模震災発生の場合の詳細手順

項番	作業事項	作業担当者	留意事項
1	○第１災害対策本部設置場所への移動 ✓所定の第１災害対策本部設置場所に移動する。	災害対策本部要員に指名されている役職員	道路の被災状況や交通状況、河川の氾濫等に注意して移動する。
2	○第１災害対策本部設置場所の被災状況確認 ✓第１災害対策本部設置場所において、以下の点から災害対策本部の運営が可能かどうかを確認する。 ・建物は破損なく安全な状態か ・通信端末は使用可能な状態か ・食料品・毛布等の物資はそろっているか	災害対策本部要員に指名されている役職員	
3	○第２／第３災害対策本部設置場所への移動 ✓第１災害対策本部設置場所において災害対策本部の運営が不可能な場合は、災害対策本部長判断のもと、所定の第２／第３災害対策本部設置場所に移動する。	災害対策本部要員に指名されている役職員	
4	○第２／第３災害対策本部設置場所の被災状況確認 ✓第２／第３災害対策本部設置場所において、以下の点から災害対策本部の運営が可能かどうかを確認する。 ・建物は破損なく安全な状態か ・通信端末は使用可能な状態か ・食料品・毛布等の物資はそろっているか	災害対策本部要員に指名されている役職員	

にかかわらず徒歩で参集可能な態勢としている例がある。また、ある金融機関では、首都圏の社宅の空き部屋を確保し、あらかじめ通信回線や端末などを配置することで、本店に参集せずとも社宅において、社宅居住の職員を中心に災害対策本部の一部機能を担う、といった対応を検討してもいる。

このような事例も参照しつつ、夜間・休祭日発災時の作業一覧についても、日中営業時間帯と同様に個別の作業手順を詳細化して表現していく。

図55　平日夜間・休祭日に大規模震災が発生した場合の作業フロー

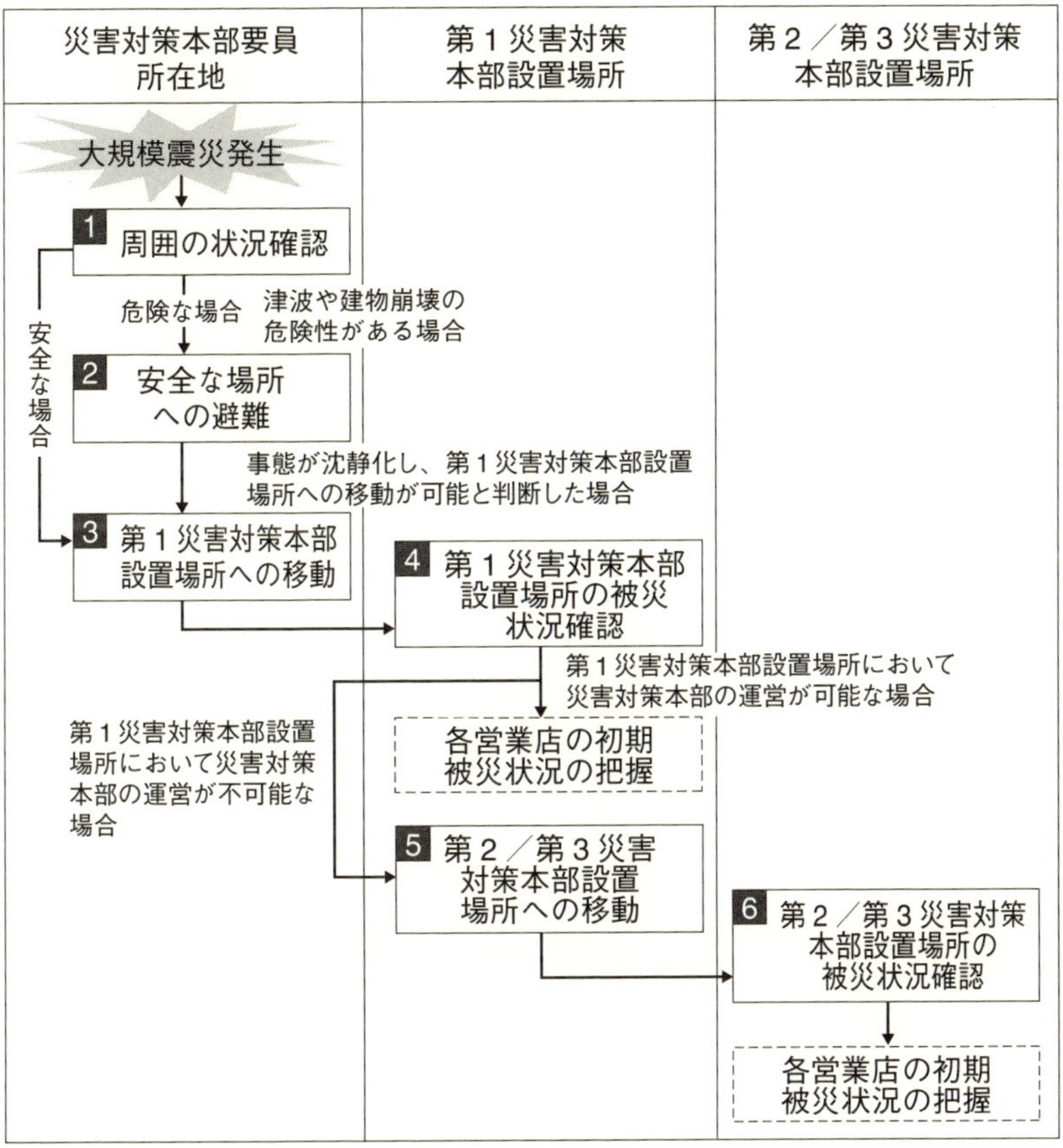

(4) 初期被災状況の把握（第1報）

この作業では、各営業店から初期被災状況、営業の続行可否および再開の見通しに関する報告を収集する。営業店から報告があがってこない場合は、災害対策本部から営業店へ個別に確認を促すことになるはずだ。津波警報が出されている場合には、安全確保が最優先となる。これも条件を明記し有事に際して職員を惑わせぬよう配慮する。

なお、営業店などからの被災状況の報告にあたっては、FAX、電子メールが利用可能な場合は被災状況報告書に記入のうえ送付してもらうことが望ましい。また、FAX、電子メールが利用不可の場合は、電話等で被災状況を聞き取りのうえ、災害対策本部要員が被災状況報告書やホワイトボードなどに記入することとなるだろう。

事前準備として、災害対策本部と各営業店との間の連絡手段を用意する必要がある。その際には、可能であれば優先携帯電話、衛星電話（固定・携帯）、およびテレビ会議システム等の導入を検討することが有効だ。

また、営業エリア外や首都圏などの他地域で大規模震災が発生した場合、各営業店における揺れが小さいとしても、沿岸部の営業店への津波襲来が予見されるため、津波の発生状況や発生予見性を考慮しつつ必要に応じて当該業務を実施することになる。

ここでは作業フローとして図56のように定義することが考えられる。

その詳細手順を示したのが図57である。ここで重要なのは、「項番2」の初期被災状況報告の受領である。営業店の初期被災状況を確認し、営業店から被災状況に関する報告がない場合には、災害対策本部から報告のない営業店へ連絡することとなる。その際、営業店から以下についての状況報告を受ける必要がある。

✓業務継続の可否
✓近隣の被災状況（近隣の金融機関の被災状況を含む）
✓事務機器の被災状況
✓ライフラインの被災状況
✓顧客・役職員の状況（負傷者、避難者、帰宅困難者等）
✓建物の被災状況

図56　初期被災状況把握の作業フロー（営業店と連絡がとれる場合）

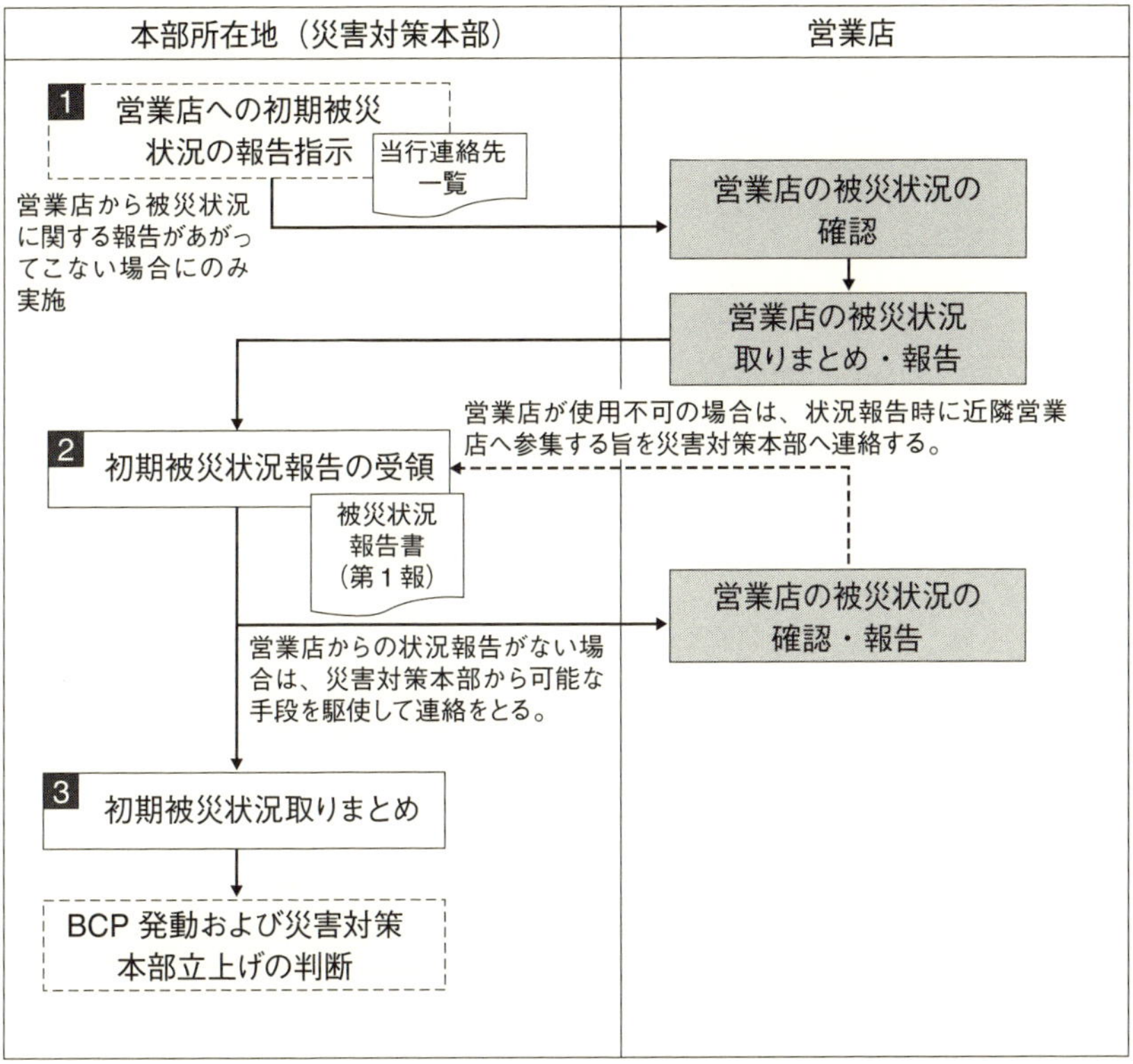

✓主要取引先の被災状況

なお、他の作業と同様、証跡を残すことを目的に、被災状況の報告にあたっては、ＦＡＸ、電子メールが利用可能な場合は被災状況報告書に記入のうえ送付してもらうことが有効だ。同じく、ＦＡＸ、電子メールが利用不可の場合は、電話等で被災状況を聞き取りのうえ、災害対策本部要員が被災状況報告書やホワイトボードに記入する。

(5) 災害対策本部の立上げ

本部の被災状況、営業店からの初期被災状況の報告内容などをふまえ、災害対策本部長はＢＣＰ発動要否を判断し、本部内に周知お

図57　初期被災状況把握の詳細手順（営業店と連絡がとれる場合）

項番	作業事項	作業担当者	留意事項	必要リソース
1	・営業店への初期被災状況の報告指示 ✓営業店へ初期被災状況を報告する旨を指示する。	総務部職員（後方支援担当班員）	・営業店から報告があがってこない場合は、災害対策本部から営業店へ確認を促す。	別紙1　当行連絡先一覧
2	・初期被災状況報告の受領 ✓営業店の初期被災状況を確認、報告する。 ✓営業店から被災状況に関する報告がない場合には、災害対策本部から報告のない営業店へ連絡する。	総務部職員（後方支援担当班員）	・営業店から以下についての状況報告を受ける。 ✓建物の被災状況 ✓顧客・役職員の状況（負傷者、避難者、帰宅困難者等） ✓ライフラインの被災状況 ✓事務機器の被災状況 ✓近隣の被災状況 ✓業務継続の可否 ✓主要取引先の被災状況 ・被災状況の報告にあたっては、FAX、電子メールが利用可能な場合は被災状況報告書に記入のうえ送付してもらう。FAX、電子メールが利用不可の場合は、電話等で被災状況を聞き取りのうえ、災害対策本部要員が被災状況報告書に記入する。	別紙3　被災状況報告書
3	・初期被災状況の取りまとめ ✓各営業店の被災状況を取りまとめる。	総務部職員（後方支援担当班員）		

よび営業店に報告することとなる。その際、営業店立地地域において震度6弱以上の大規模震災が発生した場合は、図58のように自動的にBCPが発動される、と定義しておくと、災害対策本部の立上げがスムーズに進む（BCPの自動発動基準）。なかには、震度5強以上でBCPを発動する、とする定義をしている金融機関もあるが、当該震度級の地震はこのところ国内での発生は決して珍しいものではないがゆえに頻繁にBCPが発

図58　BCP発動と災害対策本部の設置フロー

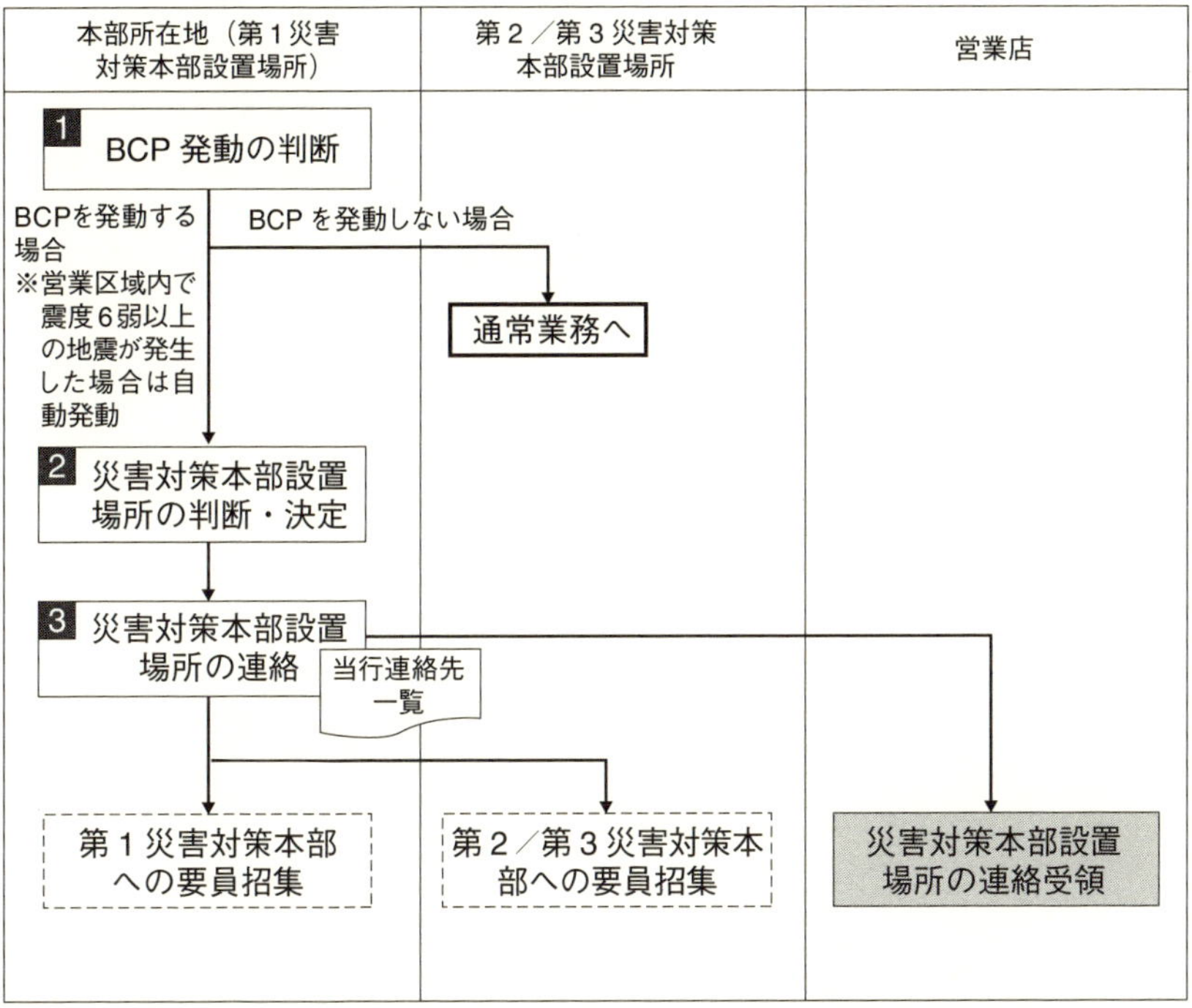

動されかねない。傾向的に観察される被害規模などもふまえると、ＢＣＰの自動発動基準を震度6弱以上、とすることも含めた検討が必要ではないだろうか。

ＢＣＰ発動後、あらかじめ定められた災害対策本部の設置場所候補を念頭に、それぞれの拠点の被災状況などから実際にどこに災害対策本部を設置するかを決定し、災害対策本部の運営が可能な環境を構築する。事前準備として、災害対策本部と各営業店との間の連絡手段としての通信ツールの導入を検討する必要がある。具体的には、優先電話、衛星携帯電話、テレビ会議システム等の導入を検討する。

図59　営業店の詳細な被災状況の取りまとめ（第2報）フロー

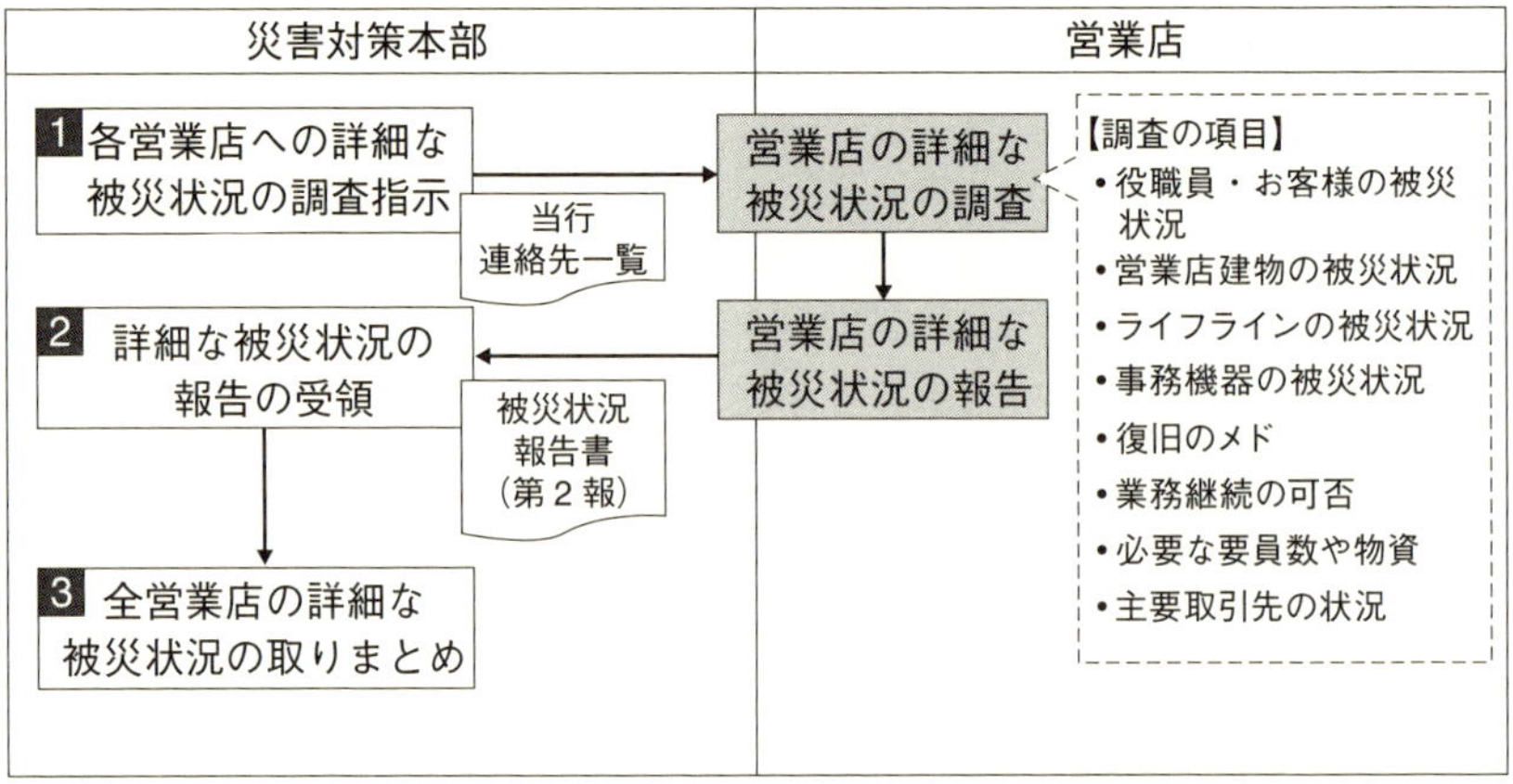

(6) 営業店の詳細な被災状況の取りまとめ（第2報）

ここでは、各営業店から、復旧のメド、職員の安否等詳細な被災状況に関する情報や、必要な人員、物資等の情報、詳細な情報を収集、営業店ごとに取りまとめて災害対策本部長に報告する。

作業内容としては、各営業店への詳細な被災状況の調査指示、近隣営業店に対する連絡がとれない被災営業店の詳細な被災状況確認依頼、詳細な被災状況の報告の確認、営業店の詳細な被災状況の取りまとめ、などが中心となる。その際、各営業店からはおおむね次の情報をエスカレーションしてもらう。

【調査項目】

✓役職員・お客様の被災状況
✓営業店建物の被災状況
✓ライフラインの被災状況
✓事務機器の被災状況
✓復旧のメド
✓業務継続の可否
✓必要な要員数や物資

✓主要取引先の状況

図59は営業店と連絡がとれる場合の想定作業フローを示したものだが、同様に、営業店と連絡がとれない場合の作業フローについても近隣営業店との連携を念頭に定義することが望ましい。

(7) 基幹系システムの運用情報収集

大規模震災に際しては、基幹系システムを含む情報システムに甚大な影響を及ぼす可能性がある。そこで、とりわけ金融機関のリソースとして重要な勘定系システムに代表される基幹系システムの運用状況をつぶさに把握する必要がある。

関係するシステム所管組織（ＩＴベンダー、共通システムを運用する全銀などの業界団体、日銀ネットなどに係る日本銀行など）への基幹系システムの運用状況の確認、あるいは当該組織からの基幹系システムの運用状況の報告を受け、その結果をもとに金融機関業務の対応方針を協議・決定する。

非常時優先業務では、「関係するシステム所管組織から基幹系システムの運用状況の報告を受ける」パターンと、「関係するシステム所管組織に基幹系システムの運用状況を問い合わせる」パターンそれぞれの作業フローおよび詳細手順を策定することが求められる。

金融機関業務への影響度としては、バンキング業態を想定した場合、複数の営業店において「預金の払戻し」「約定済融資の実行」「為替取引」のいずれかの業務に支障を与えたときに、その影響度が大きいと判断する。

なお、「支障を与える」は、機器・システムの縮退稼働（基幹系システムは稼働しているが使用する端末・ＡＴＭ・対外系回線等を制限した運用）状態も含めてとらえる必要がある。

図60は本非常時優先業務の想定フロー、さらに図61はＩＴベンダーなどから報告を受けるパターンを想定した場合の詳細手順を示している。

システム運用状況の影響度判断としては、システム所管組織からのシステムの運用状況に関する報告内容をもとに、当行業務への影響度を判断する。

システム対策担当へのシステムの状況確認依頼では、当行業務の対応方針を判断するにあたって情報が不足している場合、事務局員はシステム対策班員に対し、システム所管組織への状況確認を依頼することとなる。その際、以下の確認が必要となる。

✓システム所管組織へ詳細な状況確認

✓システム対策班員はシステム所管組織に対し、以下にあげる情報を確認する

・障害発生時刻
・障害の内容と原因
・業務への影響範囲
・想定復旧時期
・関係するシステム所管組織のＣＰ発動の有無
・バックアップシステムへの移行要否

次に、システム所管組織の報告内容の精査が始まるが、システム対策班員はシステム所管組織からの確認結果の報告を受け、明確な情報が得られなかった場合には、システム所管組織に対して情報を把握でき次第報告してもらうよう依頼することとなる。その際には以下の詳細作業が定義される。

図60　基幹系システムの運用情報収集フロー

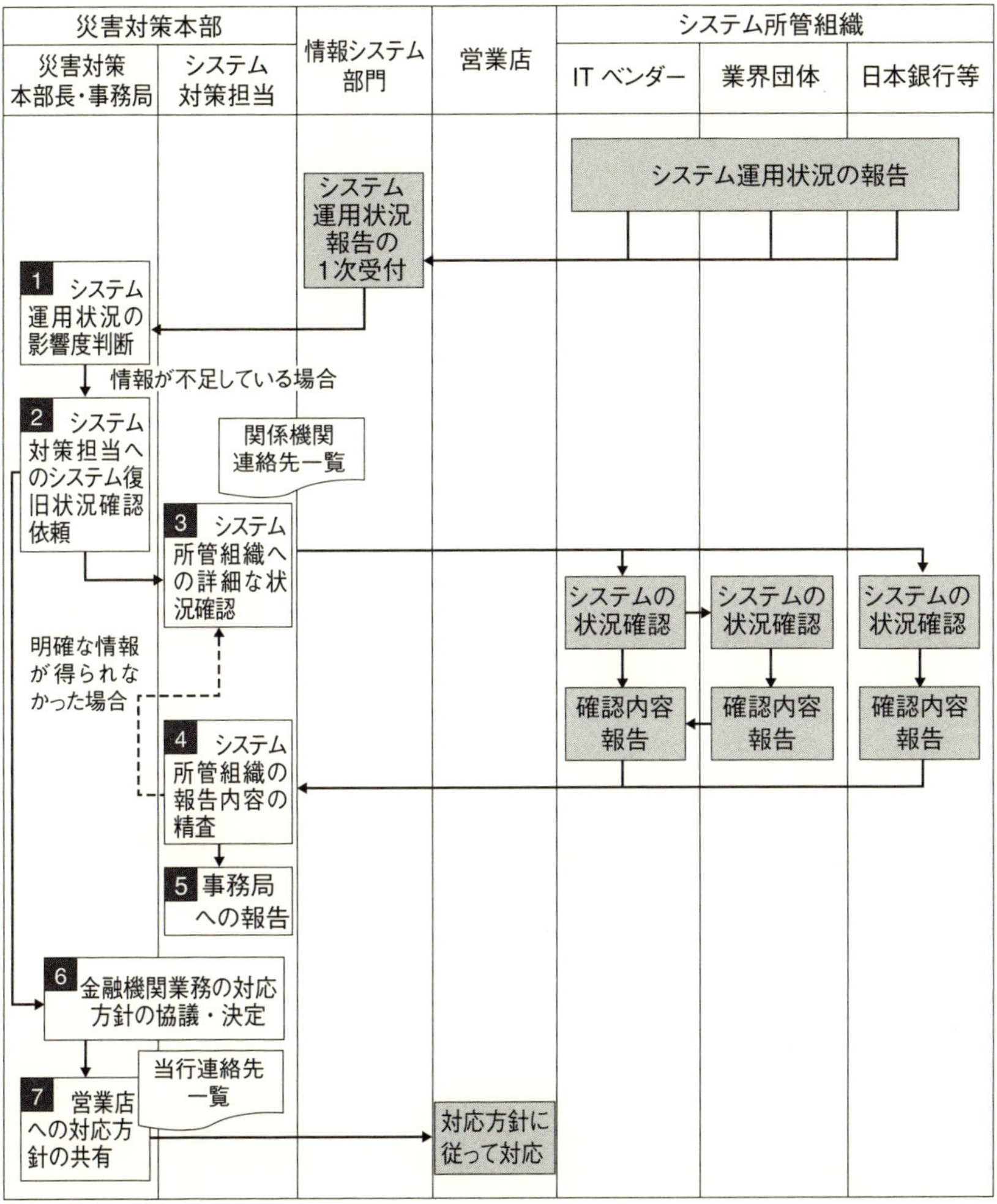

図61　ITベンダーなどから報告を受けるパターンの詳細手順

項番	作業事項	作業担当者	留意事項
1	○システム運用状況の影響度判断 ✓システム所管組織からのシステムの運用状況に関する報告内容をもとに、当行業務への影響度を判断する。	災害対策本部長	当行業務への影響度については、複数の営業店において「預金の払戻し」「約定済融資の実行」「為替取引」のいずれかの業務に支障を与えた場合、影響度が大きいと判断する。
2	○システム対策担当へのシステムの状況確認依頼 ✓当行業務の対応方針を判断するにあたって情報が不足している場合、事務局員はシステム対策班員に対し、システム所管組織への状況確認を依頼する。	事務局員	
3	○システム所管組織へ詳細な状況確認 ✓システム対策班員はシステム所管組織に対し、以下にあげる情報を確認する。 ・障害発生時刻 ・障害の内容と原因 ・業務への影響範囲 ・想定復旧時期 ・関係するシステム所管組織のCP発動の有無 ・バックアップシステムへの移行要否	システム対策班員	確認の際には関係組織の連絡先が一覧整理されている「関係機関連絡先一覧」を参照する。
4	○システム所管組織の報告内容の精査 ✓システム対策班員はシステム所管組織からの確認結果の報告を受け、明確な情報が得られなかった場合には、システム所管組織に対して情報を把握でき次第報告してもらうよう依頼する。	システム対策班員	
5	○事務局への確認内容の報告 ✓システム対策班員は事務局に対し、システム所管組織から確認した情報を報告する。	システム対策班員	
6	○当行業務の対応方針の協議・決定 ✓災害対策本部長およびシステム対策班長は、システムについての確認内容の報告を受け、業務の対応方針を協議し決定する。	災害対策本部長 システム対策班長	
7	○営業店への対応方針の共有 ✓事務局は本店・営業店に対し、災害対策本部で決定した対応方針を各営業店へ共有する。	事務局員	報告の際には関係組織の連絡先が一覧整理されている「関係機関連絡先一覧」を参照する。

図62　基幹系以外のシステムの運用情報収集フロー

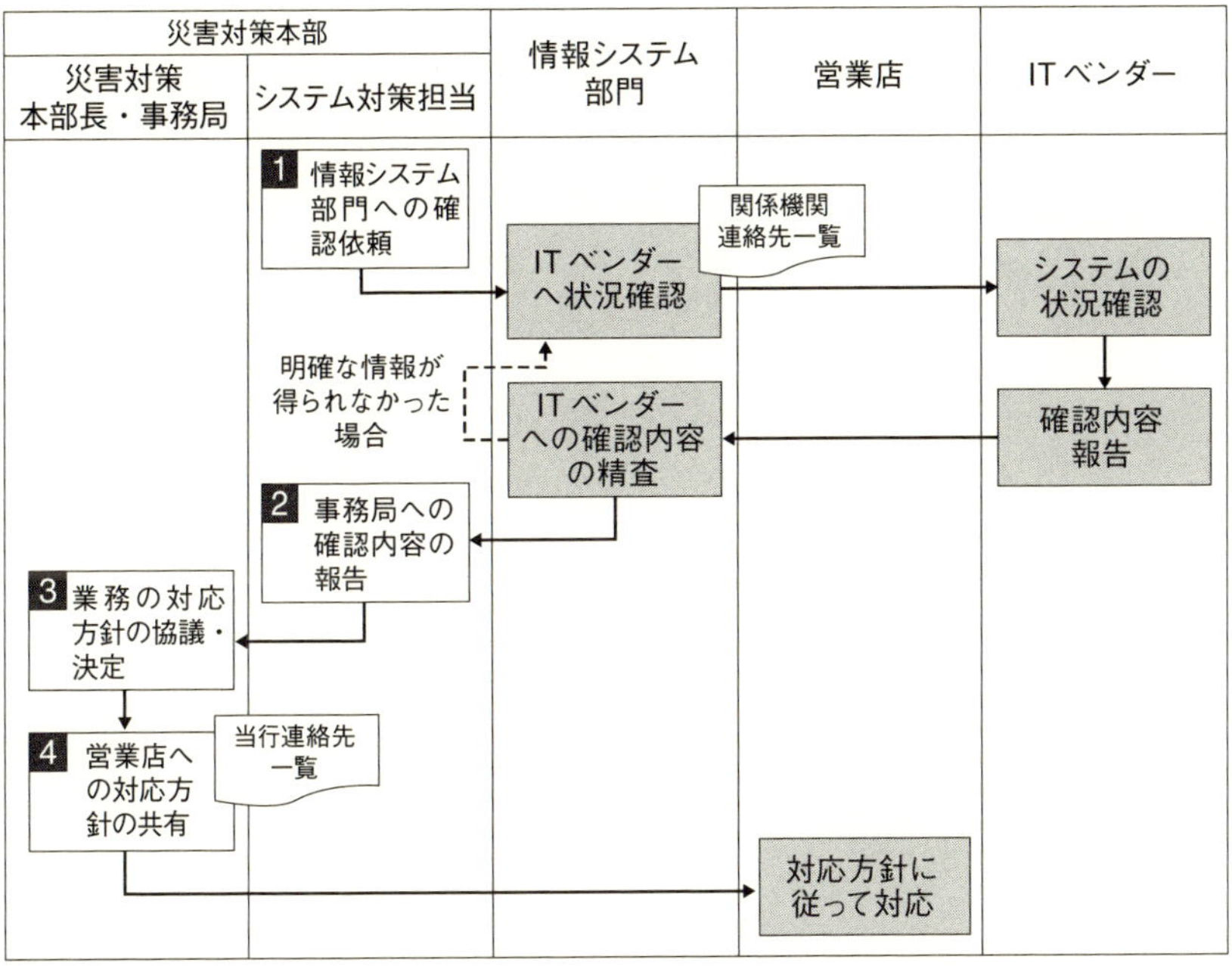

✓事務局への確認内容の報告

✓システム対策班員は事務局に対し、システム所管組織から確認した情報を報告する

✓当行業務の対応方針の協議・決定

✓災害対策本部長およびシステム対策班長は、システムについての確認内容の報告を受け、業務の対応方針を協議し決定する

✓営業店への対応方針の共有

✓事務局は本店・営業店に対し、災害対策本部で決定した対応方針を各営業店と共有する

同様に、ITベンダーなどに対して金融機関側が報告を求める際の想定フローおよび詳細手順についても定義する。

なお、基幹系以外のシステムの運用情報収集についても個別の手順として定義しておくことが望ましい。ただし、本来、「基幹系以外のシステムの運用情報収集」については、IT-BCPにおいて記載する内容である。したがって、ＢＣＰの一部である大規模震災編には、図62のようなレベルで非常時優先業務としての作業概要を記載するにとどめ、別途策定しているＩＴ－ＢＣＰの記載内容と平仄がとれている必要があることに注意する。

(8) 当局への被災状況の報告

各営業店などから取りまとめた金融機関全体の初期被災状況を当局へ届け出る。この時点で休業せざるをえない営業店が存在する場合には、「臨時休業および業務再開届出書」も作成のうえ金融庁もしくは該当する財務局に届け出る。

2報目以降は、必要性および当局からの要請に応じて適宜実施することとする。全営業店の詳細な被災状況の取りまとめが完了した際、遅滞なく金融機関全体の被災状況を当局に報告するが、これは状況が把握でき次第すみやかに実施することとなろう。なお、報告先については、○○財務局○○課、日本銀行●●支店、など個別具体的な相手先および所属組織・役職・氏名・連絡先について取りまとめておき、「関係機関連絡先一覧」などとして参照可能な状況にしておく必要がある。その際、通信手段が途絶することも念頭に、先方の非常時連絡手段（優先携帯電話、衛星電話）などの番号をあらかじめ確認しておき、これもあわせて「関係機関連絡先一覧」に記載しておくことが望ましい。

なお、被災状況および対応方針の報告に際しては、以下に関する情報を「被災状況報告書」に取りまとめのうえ、財務局および日本銀行に報告する。

✓役職員の安否状況
✓営業店建物や建物設備・機器の損壊状況

図63　当局への被災状況の報告

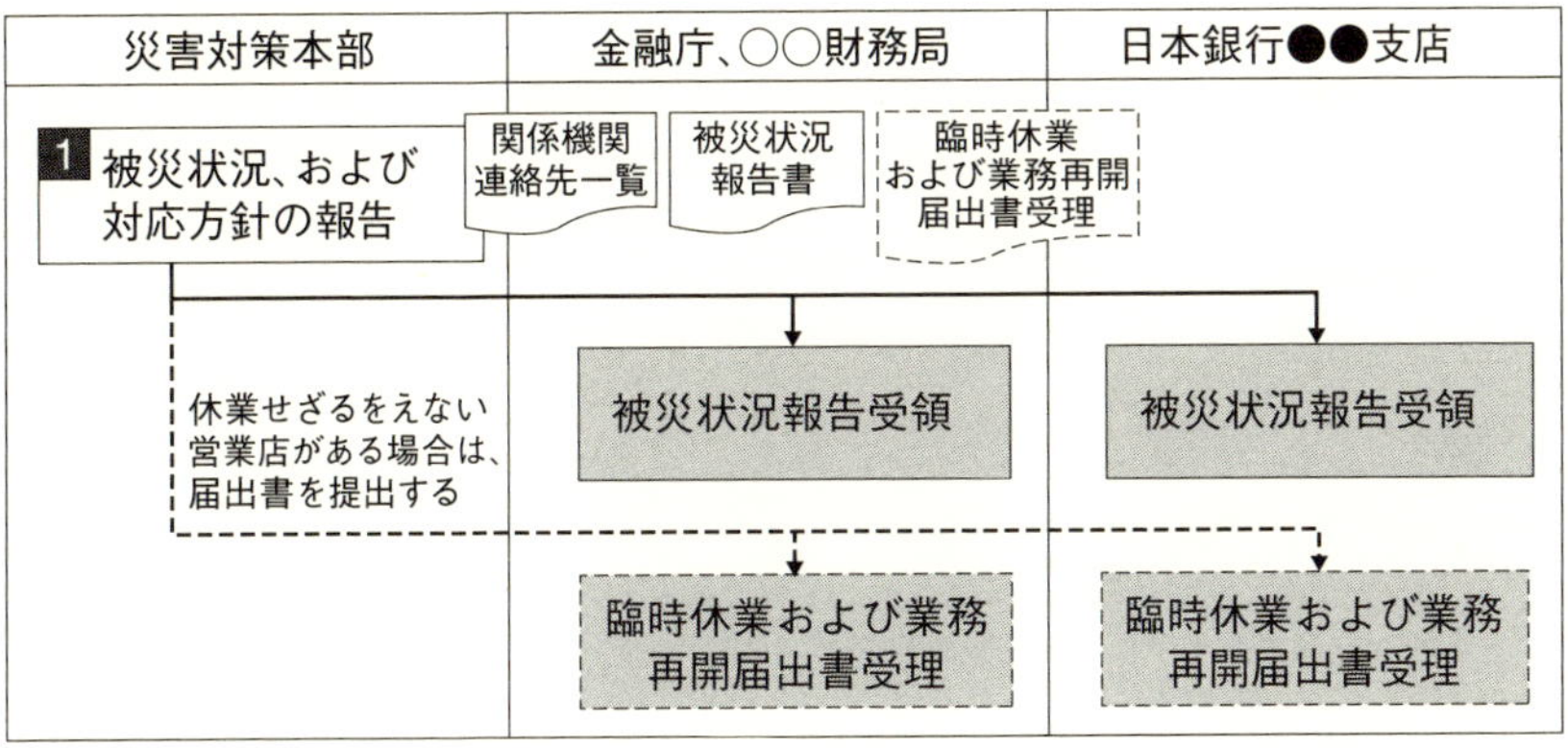

✓ライフラインの供給状況
✓システム障害の発生状況
✓営業店の業務遂行状況
✓復旧の見通し
✓業務遂行に関する対応方針

(9)　広報対応

非常時優先業務として、顧客やマスコミに向けて金融機関としての営業状況、業務の復旧見通し等についての情報提供を行う必要もある（図64）。また、顧客やマスコミからの問合せに対応するといった業務も本非常時優先業務に含まれる。

顧客への情報提供内容は災害対策本部にて協議のうえ決定する、としてもよいが、おおよそ顧客が必要な情報としては次のようなものが例示されるはずだ。

✓金融機関としての被災状況について
✓重要なシステムの運用状況について
✓今後の営業方針について
✓店頭での取扱業務について

図64　広報対応のフロー

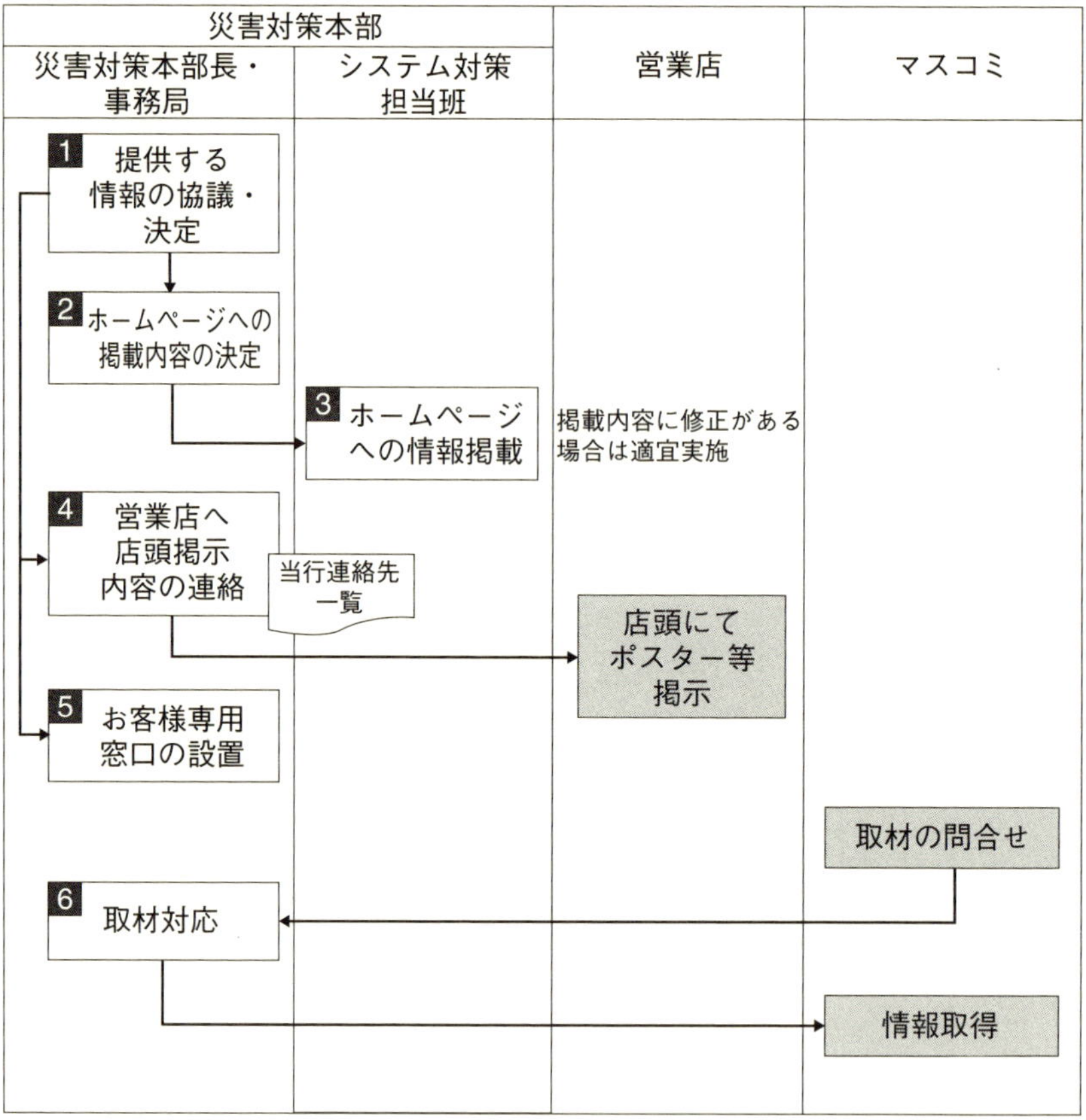

✓インターネットなどでの
　取扱業務について
✓お客様対応窓口について
✓緊急時のお振込みや出金などの対応について（必要があれば）

原則としてマスコミからの取材対応は事務局員（広報担当）が行うが、直接営業店への取材がなされた場合は、営業店にて個別対応することなく事務局が対応する旨を金融機関全体に周知する。これにより、金融機関としての外部への情報発信ルートを一元化可能となる。

顧客からの問合せに対し

ては専用窓口を設けて対応することが必要となる。あらかじめ金融機関として提供すべき情報や決定事項などを整理したうえで提示し、顧客やマスコミからの問合せに対して理解・納得いただけるだけの対応を実現していく。

なお、顧客への情報提供に向け、各営業店の詳細な被災状況や営業状況、基幹系システムの運用状況、その他外部組織から収集した情報をもとに、ホームページなどに掲載する内容を決定することとなる。

7 大規模システム障害編（個別手順）の策定実務

次に、ＢＣＰ共通編の配下にあるリスクごとの個別手順のうち、大規模システム障害編についてその策定手法を解説する。なお、一部の非常時優先業務については大規模震災編とほぼ同様となる。そこで、大規模震災編と共通するものについては捨象もしくは簡便的に紹介するにとどめたい。

大規模震災編と同様、本来は利用者の属性にあわせて本部編と営業店編、といったかたちの構成であるべきだが、本書では災害対策本部の機能を担う多くの職員が拠り所とする本部編について取り上げる。大規模システム障害編で定義すべき項目は、図65のような目次体系が想定される。

この目次体系はＦＩＳＣのＣＰ策定ガイドラインなどを参考に、ＮＴＴデータ経営研究所にて独自に定義したものだ。大規模震災編と同様、大きく４つのフェーズを平時、初動、緊急、暫定として定義している。有事の際に実施する非常時優先業務は、図65に示した目次例のように、大きく「初動対応」「緊急対応」「暫定対応」およ

図65　BCPの個別手順「大規模システム障害編」の目次体系

【初動対応】
1　障害内容の把握・BCP発動の判断
2　災害対策本部設置場所への主要要員の参集
3　災害対策本部の立上げ
4　災害対策本部設置場所へのその他要員の召集
【緊急対応】
5　基幹系システムの運用情報収集
6　当局への報告
7　関係機関への報告
8　広報対応
9　暫定対応移行の判断
【暫定対応】
10　営業店への業務支援
11　危機時における資金対応
12　ITベンダー等との情報連携
13　営業店との情報連携
14　当局・関係機関との情報連携
15　本格復旧に向けた対応方針の決定
【本格復旧対応】
16　災害対策本部の解散

び「本格復旧対応」の4区分に分かれる。ただし、非常時優先業務は目次の項番順に実施するのではなく、図66のとおり各区分において同時並行で実施する場合があることに留意する。

本書では、ハードウェア調達などが作業の枢要を占める本格復旧のフェーズについては記載を省略し、非常時優先業務として定義する個別手順としては災害対策本部の解散のみを参考掲記した。なお、本書では4つのフェーズのうち初動部分を中心に策定実務を紐解くこととする。また、災害対策本部の立上げ、要員の招集、広報対応といった非常時優先業務については、個別手順である大規模震災編で定義した非常時優先業務の手順が援用可能である。したがって、本書では説明を省略している。

図66　大規模システム障害発生時における非常時優先業務の実施順序

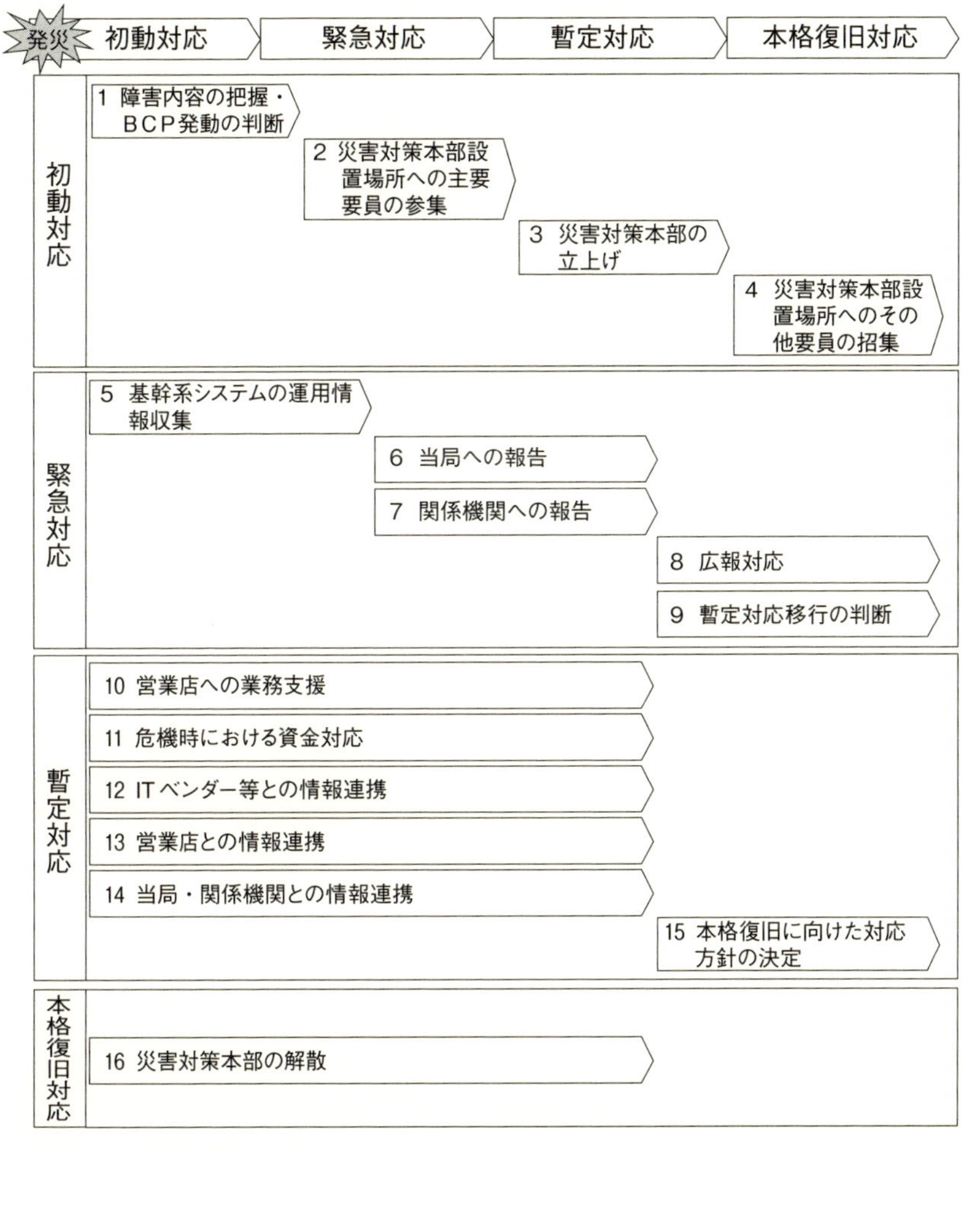

(1) 障害内容の把握・BCP発動の判断

大規模システム障害編で想定するリスクの一つとしては、「基幹系システムにおいてシステム障害が発生する」と定義することが考えられる。なお、BCPの発動基準については、以下の事象が発生した際、災害対策本部長(頭取、社長)がBCPの発動要否を決定する、とすることが有効だ。以下はいずれも顧客や勘定に直接の影響を与える事象であり、金融機関として迅速な対応が求められるためだ。

【BCPの発動基準】

・勘定移動取引を行うことができない
・顧客手交媒体(通帳・証書)の出力に異常が発生している
・金利関連および手数料関連取引において異常が発生している
・自振処理において異常が発生している
・為替業務において異常が発生している
・非対面チャネルに異常が発生している
・対外報告データに不備がある
・その他所管部門長として、対策本部を設置する必要があると判断した場合

なお、委託先のITベンダーや、全銀、日銀といったシステム所管組織へのシステム運用状況の確認結果、あるいはシステム所管組織からのシステム障害の報告を受け、金融機関業務への影響度を判断するとともにBCP発動要否を判断する。

(2) 基幹系システムの運用情報収集

本非常時優先業務では、「システム所管組織から報告を受ける」パターンと、「システム所管組織に問い合わせる」パターンそれぞれの作業フローおよび作業一覧を策定していく。

災害対策本部長は、平日夜間・休祭日に情報システム部長などからシステム障害内容報告と本部所在地への出勤依頼を受けた場合、すみやかに本部に参集する。

金融機関業務への影響度については、複数の営業店において「預金の払戻し」「約定済融資の実行」「為替取引」のいずれかの業務に支障を与えた場合、影響度が高いと判断することが考えられる。なお、「支障を与える」は、機器・システムの縮退稼働（基幹系システムは稼働しているが使用する端末・ATM・対外系回線等を制限した運用）状態も含むとの認識に立ったものだ。BCPを発動しない場合には、情報システム部におけるシステム障害対応マニュアル（コンティンジェンシープラン）を参照のうえ、障害対応の実施を指示することとなる。

そこで本書では、ITベンダーなどから障害報告を受けるパターン（平時営業時間帯）として図67、ITベンダーなどから障害報告を受けるパターン（平日夜間・休祭日）として図68、金融機関がITベンダーなどに運用状況などを問い合わせるパターンとして図69を参考フローとして記した。

ここでは、図67のITベンダーなどから障害報告を受けるパターン（平日営業時間帯）のフローについて、その詳細手順をみてみよう。

システム運用状況の影響度判断は、ITベンダーなどシステム所管組織からのシステムの運用状況に関する報告内容をもとに、金融機関業務への影響度を判断する。金融機関業務の対応方針を判断するにあたって情報が不

図67　ITベンダーなどから障害報告を受けるパターン（平日営業時間帯）

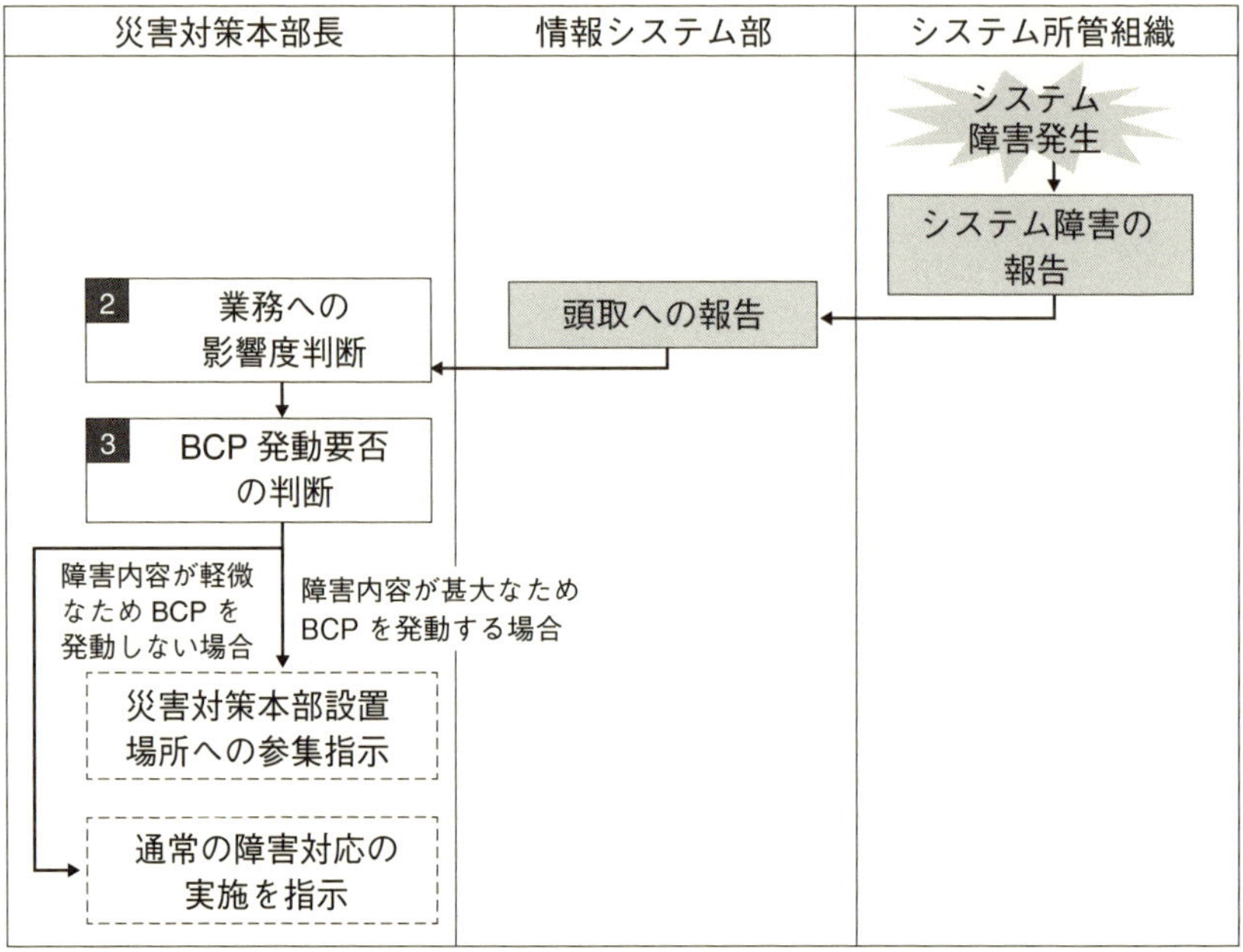

足している場合、事務局員はシステム対策班員に対し、システム所管組織への状況確認を依頼することになる。これを受け、システム対策班員はＩＴベンダーなどのシステム所管組織に対し、以下にあげる情報を確認する、といった一連の手順が考えられる。

・障害発生時刻
・障害の内容と原因
・金融機関業務への影響範囲
・想定復旧時期
・関係するシステム所管組織のＣＰ発動の有無
・バックアップシステムへの移行要否

受領した報告から明確な情報が得られなかった場合には、システム所管組織に対して情報を把握次第報告するよう要請する、と定義すればよい。情報を把握次第、システム対策班員は事務局に対し、システム所管組織から確認した情報を報告する。災害対策本部長およびシステム

図68　ITベンダーなどから報告を受けるパターン（平日夜間・休祭日）

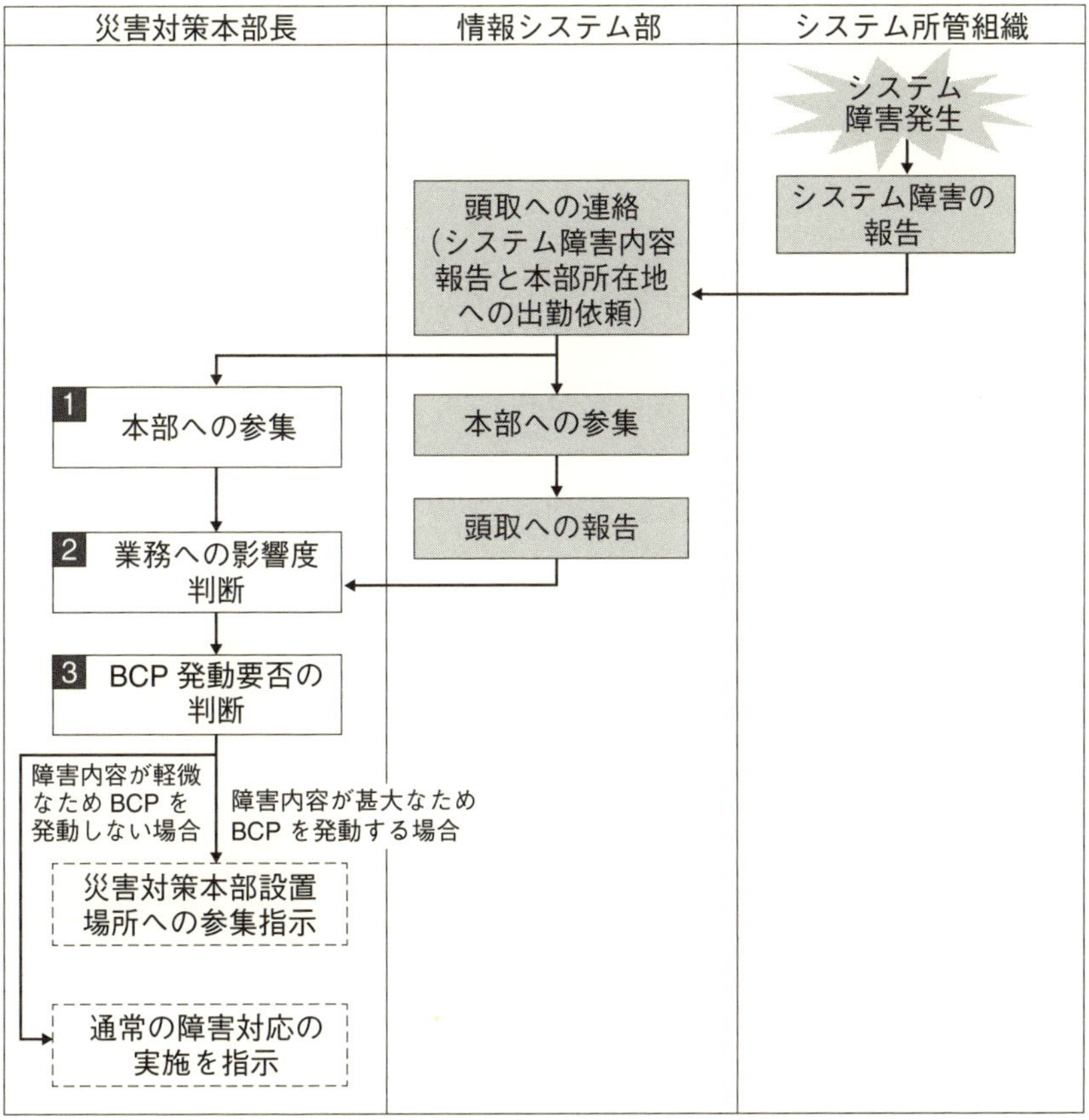

対策班長は、システムについての状況報告を受け、金融機関業務の対応方針を協議し決定することとなる。そのうえで事務局は本部内および各営業店に対し、災害対策本部で決定した対応方針を共有すればよい。

(3) 当局への報告

各営業店から取りまとめた金融機関全体の初期のシステム障害発生状況やシステムについての対応方針を当局へ届け出る際のフローを、図70のように定義する。

システム障害発生当初よ

図69　金融機関がITベンダーなどに運用状況を問い合わせるパターン

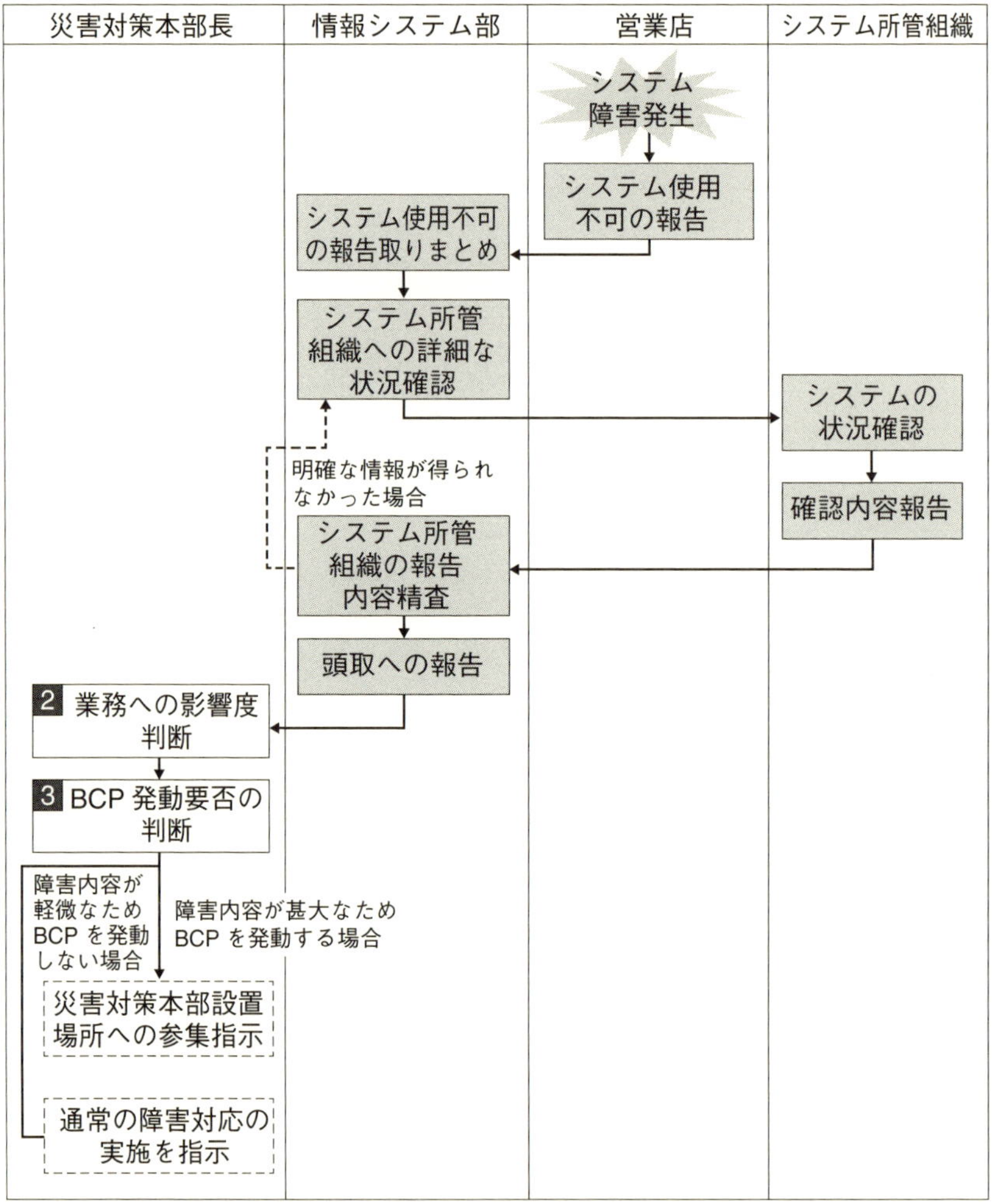

図70　当局への届出フロー

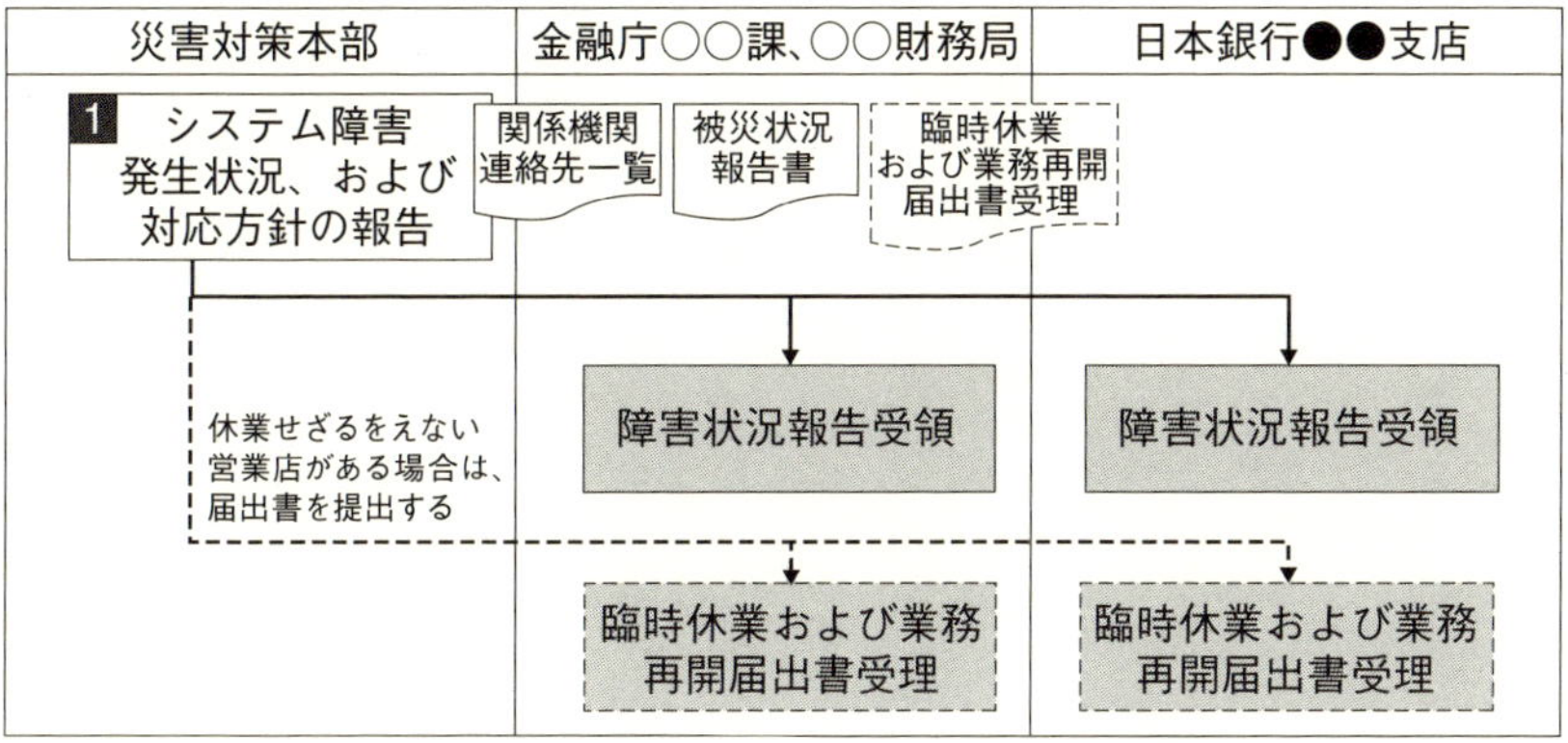

り業務を中止もしくは営業自体を停止せざるをえない営業店が存在する場合には、「臨時休業および業務再開届出書」も作成のうえ当局に届け出る必要がある。したがって、当該手順を詳細化し、定義することになる。

本件作業の着手タイミングだが、システムについての対応方針が決定した際に遅滞なく実施する、とすることが考えられる。同様に、金融機関全体の初期システム障害発生状況やシステムについての対応方針を当局に報告する場合は、情報が把握でき次第すみやかに実施すること、と定義できる。

なお、第2報目以降は、必要性および当局からの要請に応じて適宜実施することとする、とすることも検討したい。

また、届出対象となる当局は、届出内容に応じて金融庁、財務局、日本銀行となるが、その際には以下に関する情報を取りまとめ、あらかじめ用意した「障害発生等報告書」などの様式を用いて報告する。なお、業態別に当局からの事務通達などにより報告様式および報告内容などが定義されているものもあり、当然ながらそれらの内容に準拠した定義作業となる。

・障害が発生したサービス

・システム障害の原因
・復旧の見通し
・営業店の業務遂行状況
・システム復旧までの業務遂行に関する対応方針

(4) 危機時における資金対応

危機時における資金対応を念頭に、災害対策本部は営業店の現金保有高を随時把握する必要がある。そこで、なんらかのシステム障害により、預金取扱いに必要な基幹系システムが利用できない場合を想定した非常時優先業務の手順を用意しておくことが望ましい。

たとえば、営業店から現送要請があった際、本部(本店)ではすみやかに当該営業店への現送対応を行うこととなるが、金融機関単独での対応が困難な場合は、日本銀行の各支店や友好金融機関と連携のうえ、所要の現送対応を実施することとなるはずだ。

現金が不足している営業店が存在する場合には、他の営業店において現金融通が可能かどうかを検討することとなる。仮に、金融機関全体において現金が不足していることが判明した場合には、日本銀行の各支店に現金融通を依頼することになるだろう。

なお、システム障害が当行にとどまらず、他の多くの金融機関に波及するといった大規模かつ業界横断的な事象を伴うようなケースでは、日本銀行の各支店における当座預金残高が不足する、といったことも可能性としてはありうる。ここまで条件を厳しく定義する必要は必ずしもないものの、考えうる範囲内で発生事象を想定し、必要な資金手当の手法を事前に検討しておくことが危機対応としては有効だろう。

8　ＩＴ‐ＢＣＰの策定実務

次に、ＩＴ‐ＢＣＰについて、その目次構成を参照しつつ、策定実務を解説する。なお、図71は、ＮＴＴデータ経営研究所における定義例であるが、本来は、末尾に様式集や関係機関の連絡先一覧、といった参考情報を列挙する。

上記目次のうち、一部の記載要領についてはすでにＢＣＰの項にて紹介した。ここでは策定上で特に留意すべき項目のみを取り上げることとしたい。

なお、多くの金融機関がシステムをアウトソーシングしたり、共同システムを利用したりしているのが現状だ。そこで本書では、ＩＴ‐ＢＣＰは動作が停止した個別システムの状況や原因についてＩＴベンダーなどに確認したり、システム障害発生時に店頭での広報対応などを実施したりする際に利用するマニュアルとして定義している。また、個別システムの障害復旧マニュアルなどは、実態として金融機関のシステム部門が策定するのではなく、ＩＴベンダーやシステム所管組織などが策定し、金融機関に配布されるケースが存在することから、事前にこれらのマニュアルをＩＴベンダーなどから収集し、それらから金融機関として利用可能な部分（金融機関が負うべき役割）を参考に、個別システムの復旧手順を「ＩＴベンダー、営業店、当局との連携手順」を中心に定義していくことが現実的だろう。

図71　IT-BCPの目次体系例

第１章　本書の概要

第２章　システム別の復旧手順
1　勘定系システムの復旧手順
【障害把握・原因究明対応】
(1)　システム障害発生の検知・連絡
(2)　CP発動の判断
(3)　金融機関全体の障害影響の把握
(4)　障害発生原因の究明
【復旧手順（暫定対応）】
(5)　復旧までの対応方針の決定
(6)　暫定対応体制への移行
(7)　関係機関への状況報告
(8)　広報対応
【復旧手順（本格復旧対応）】
(9)　本格復旧対応および平時対応体制への移行
(10)　対応結果・課題の記録
2　当局が要請する重要システムの障害
(1)　○○システム
(2)　CDオンライン提携システム
(3)　ANSERシステム
(4)　でんさいネット
(5)　日銀ネットシステム
(6)　データ伝送システム
(7)　為替集中システム
(8)　IB等インターネット系システム
(9)　マルチペイメントネットワークシステム
3　各種情報機器・設備の故障・動作不良
(1)　回線障害時の対応
(2)　自動機器障害時の対応
4　インフラ関連の障害
5　コンピュータ犯罪に関する対処

第３章　業務別の暫定対応手順
1　暫定対応手順の策定
2　事務取扱時の基本事項
(1)　本人確認
(2)　支払限度額
(3)　緊急時記入台帳の作成
(4)　通帳等の預り・返却方法
(5)　僚店代行処理
3　暫定対応概要
(1)　当座預金
(2)　普通・貯蓄・納税準備預金
(3)　定期預金
(4)　定期積金
(5)　積立定期預金
(6)　通知預金
(7)　為替業務
(8)　融資業務
(9)　店内ATM取引
(10)　店外ATM取引
(11)　僚店代行取引
(12)　オンライン復旧後の処理
(13)　その他業務
4　暫定対応手順
(1)　当座預金入金
(2)　当座預金支払
(3)　有通帳による普通預金入金
(4)　有通帳による普通預金支払
(5)　定期預金新規受入
(6)　定期預金解約
(7)　定期積金新規受入
(8)　定期積金解約
(9)　僚店代行処理による仕向為替振込
(10)　融資実行（決裁承認済案件および預金担保貸付）
(11)　諸届受理（喪失届、キャッシュカード事故届、手形・小切手事故届、発見届、キャッシュカード発見届、変更届、改印届）
(12)　現金締上げ
(13)　日計精査
(14)　キャッシュカードによる窓口支払
(15)　店外ATM対応
(16)　僚店による代行処理
(17)　オンライン取引復旧後オペレーション
(18)　仮払金・仮受金の整理
(19)　利息等の清算
(20)　僚店代行処理による締上げ・現金精査
(21)　オンライン現金精査・通常取引再開

(1) BCPとの関係性

IT‐BCPが対象とするリスクは、システムリスクである旨をドキュメントの冒頭において定義する。なお、英国規格協会（BSI：British Standards Institution）作成の事業継続ガイドライン（PAS56）におけるBCPの定義では、システムリスク以外にも事業の継続を妨げるリスクを広くとらえており、IT‐BCPを包含する関係となっている点について言及しておくことが好ましい。そのうえで、BCPの項でも解説したBCPとIT‐BCPとの関係性について、模式図を記載のうえ補足説明をしておけば、外部の第三者がチェックした際に、ドキュメントの位置づけやBCPとの連携イメージが想起されやすい。

BCP発動基準に該当する事象が発生した場合は、IT‐BCPに加え、BCPの個別手順編（大規模システム障害編）を参照することとなる。なお、「システム別の復旧手順」に関してはBCPの個別手順編（大規模システム障害編）と内容が一部重複する箇所があるため、重複箇所に関してはBCPを参照する旨の記載をしておくと、有事の際に利用しやすい。

(2) IT‐BCPの策定プロセス

IT‐BCPの一般的な策定プロセスとしては、図72のような手法が考えられる。

STEP1では、システム障害発生時における本部・営業店の具体的な復旧・暫定業務を把握することを目的に、行内の各種ドキュメントの収集作業から開始する。その際、システムの業務継続に係る既存の各種マニュアルや事務規程類をもれなく収集する。事務規程類としては、「預金入出金」「融資の実行・回収」「送金処理」「資

図72　IT-BCPの策定プロセス

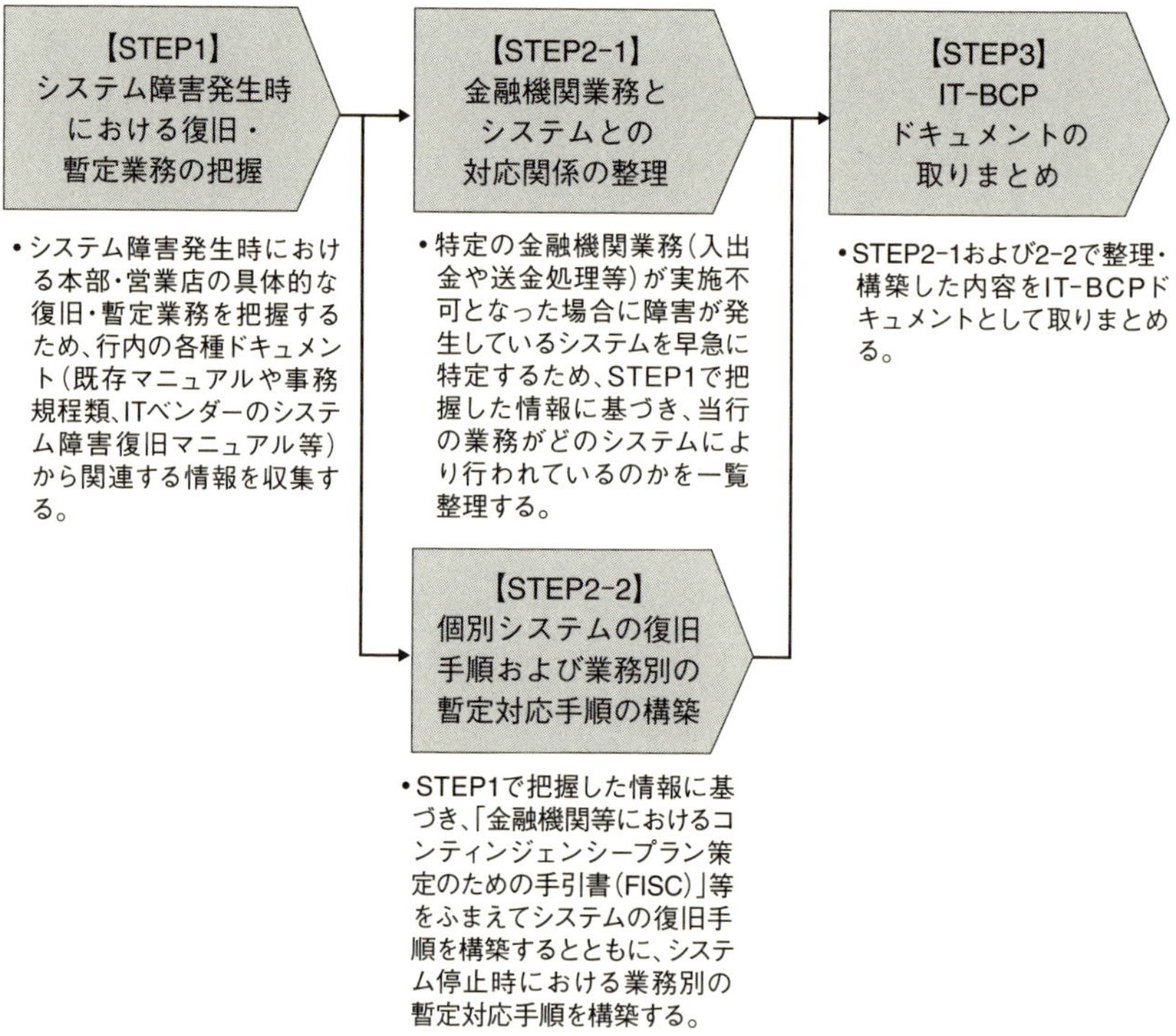
【STEP1】
システム障害発生時における復旧・暫定業務の把握
・システム障害発生時における本部・営業店の具体的な復旧・暫定業務を把握するため、行内の各種ドキュメント（既存マニュアルや事務規程類、ITベンダーのシステム障害復旧マニュアル等）から関連する情報を収集する。
【STEP2-1】
金融機関業務とシステムとの対応関係の整理
・特定の金融機関業務（入出金や送金処理等）が実施不可となった場合に障害が発生しているシステムを早急に特定するため、STEP1で把握した情報に基づき、当行の業務がどのシステムにより行われているのかを一覧整理する。
【STEP2-2】
個別システムの復旧手順および業務別の暫定対応手順の構築
・STEP1で把握した情報に基づき、「金融機関等におけるコンティンジェンシープラン策定のための手引書（FISC）」等をふまえてシステムの復旧手順を構築するとともに、システム停止時における業務別の暫定対応手順を構築する。
【STEP3】
IT-BCPドキュメントの取りまとめ
・STEP2-1および2-2で整理・構築した内容をIT-BCPドキュメントとして取りまとめる。

金決済」「自動振替え」「現金管理・締上げ」等があげられる。

加えて、システムごとにＩＴベンダーが用意しているシステム障害復旧マニュアル等のドキュメントも収集する。なお、この作業を通じ、必ずしもすべての情報システムについて、ＩＴベンダー側は障害復旧マニュアルを用意していないことが判明することがある。その際には、該当するマニュアルの策定をＩＴベンダーに要請しておく。

ＳＴＥＰ2では、特定の金融機関業務（入出金や送金処理等）が実施不可となった場合に、障害が発生しているシステムを早急に特定することを目的に、ＳＴＥＰ1で把握した情報に基づき、当行の業務がどのシステムにより行われているのかを整理する。場合によっては、1つの業務に複数の情報システムを利用しているケースがある。こういった点にも配慮しつつ、業務別に関係システムをプロットすることが大切だ。さらにSTEP1で把握した情報に基づき、「金融機関等におけるコンティンジェンシープラン策定のための手引書（FISC）」等をふまえてシステムの復旧手順を構築するとともに、システム停止時における業務別の暫定対応手順を構築する。

STEP3では、業務別、システム別に定義した復旧手順について、IT‐BCPドキュメントとして記述すればよい。その際、個別システムごとの本部における復旧手順、および業務ごとの営業店における暫定対応手順も作成し、本部、営業店がそれぞれ参照可能なドキュメントとして取りまとめることが望ましい。

(3) IT‐BCPの策定対象の特定

本来、IT‐BCPで取り扱うべき個別システムは、金融機関業務において重要性の高いものを対象とすべきである。では、いかにして対象とする個別システムを特定すればよいのだろうか。図73は、IT‐BCP策定に際して対象とする個別システムを特定するための1つの視点を示している。ここでは、重要度を「当局が要請する重要システム」であるか、「当行が業務を遂行するうえで重要なシステム」であるかを峻別して定義している。金融機関としてレギュレーションにのっとって対応するためには、少なくとも前者に分類される個別システムはIT‐BCPで取り扱うべきだろう。また、後者については、当該システム停止時の影響度などを勘案したうえで、取扱い可否を個別に判断する。ただし、理想的には重要なシステムについては網羅的に対象とすべきと考えられることから、BCM活動を通じて徐々に対象システムの拡充に努めるべきだろう。

想定するリスクだが、当局では「個人に対する現金払出や送金依頼の受付、インターバンク市場や銀行間決済

図73　IT-BCPの策定対象の特定

分類	内容
1　勘定系システム障害	(1)　勘定系オンラインシステムのシステムダウン (2)　勘定系オンラインシステムの誤作動 ①　利息計算の誤算 ②　期日管理不能（先日付、センターカット処理） ③　印字不良　等
2　当局が要請する重要システムの障害	(1)　業界共通○○システム (2)　CDオンライン提携 (3)　ANSER、FB・HB (4)　でんさいネット (5)　日銀ネット (6)　データ伝送システム (7)　為替集中システム (8)　IB等インターネット系システム (9)　マルチペイメントネットワーク
3　各種情報機器・設備の故障・動作不良	(1)　回線障害時の対応 (2)　自動機器障害時の対応
4　行内インフラ関連の障害	停電や通信機器の回線障害
5　コンピュータウィルス等による影響	コンピュータウィルス発生による障害

システムを通じた大口・大量の決済の処理等、金融機能の維持の観点から重要な業務」に該当するシステムについてコンティンジェンシープラン策定の必要性が高いと定義している。そこで、これらの重要業務に影響を及ぼすシステムリスクとして図73であげる5つを想定する。

(4)　障害による危機度の判定

次にシステム障害が及ぼす顧客への影響の内容に応じて危機度を判断する。図74はこの判定イメージを示したものであるが、障害発生後に影響度を定量的・定性的な尺度で捕捉可能な

図74　障害による危機度の判定

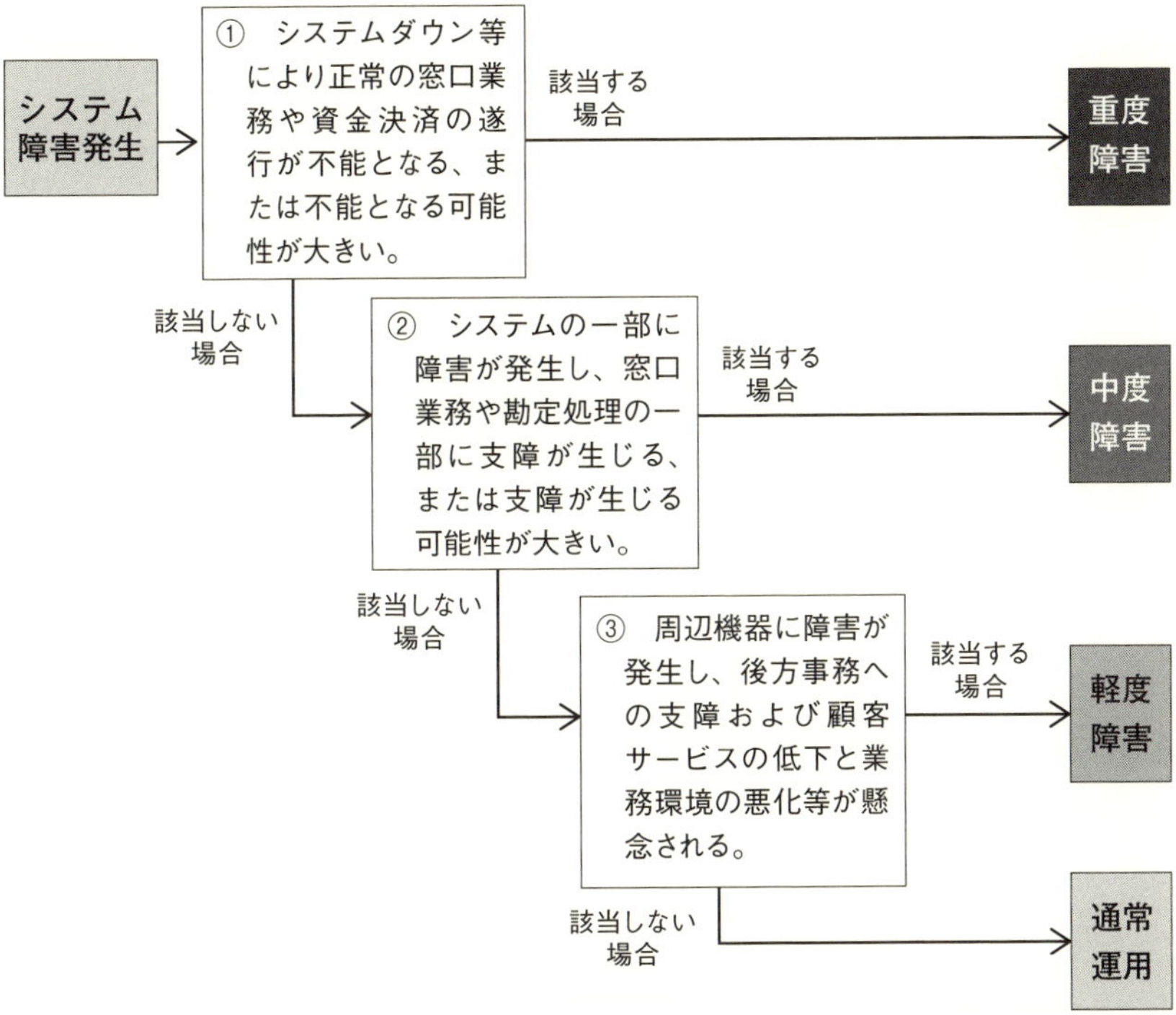

手法を定義することが重要だ。

たとえば、システムダウンにより正常な窓口業務や資金決済が不能となる可能性があれば、重度障害として位置づける。また、周辺機器に障害が発生し、後方事務への支障や顧客サービスの低下が懸念される際には軽度障害として判定する、といった明確な基準を設けることが肝要だ。

(5) コンティンジェンシープランの発動基準

重度障害・中度障害・軽度障害に該当する事象が発生した場合は、コンティンジェンシープランの発動要否を検討し、発動する場合はシステム障害対策本部を立ち上げる、といった定義が考えられる。なお、コンティンジェンシープラン発動要否は、次の要素をふまえて総合的に判断する必要がある。

① 想定される業務への支障はどの程度か
② システム障害が及ぼす影響範囲はどの程度か
③ 復旧見込みのメドは立っているか
④ 時限を守る必要があるために緊急性を伴うものか

なお、ＢＣＰ発動基準に該当する場合は、ＢＣＰを発動し、災害対策本部を立ち上げる。したがって、コンティンジェンシープランの発動基準とＢＣＰ発動基準は似て非なるものとして取り扱うべきである。また、コンティンジェンシープラン発動が不要と判断した場合でも、ＩＴ‐ＢＣＰ記載の各種対応方法を参考にして行動すればよい。たとえば、特定の営業店のみが停電となったことでコンティンジェンシープランの発動は不要と判断した場合であっても、担当部署はＩＴ‐ＢＣＰ記載の手順のうち対応が必要となる該当ページを参照・実行するよう営業店に指示することで有意な対応が可能となるだろう。

また、システム障害はその障害範囲に応じて対応内容が異なる。他店舗による代行が可能であるか等、障害範囲とその取引状況に応じて総合的に判断することとなる。図75は障害範囲の差による対応内容の違いをイメージしたものだ。ここでは、障害が全店にわたるものか、一部の店舗にとどまるものか、に着目している。

(6) 障害発生時の優先業務

システム障害が発生した場合、とりわけその影響が広範に及び、かつ複数のシステムが同時にダウンなどした場合を想定すると、どのシステムから復旧を図るべきかに悩むこととなる。そこで、事前に復旧すべき優先順位

図75　障害範囲の差による対応

障害の範囲	対応内容
①　全店障害の場合	障害が発生し、ITベンダーからオンライン処理が長時間不能になった旨連絡を受けたときは、業務別の暫定対応手順に基づき処理する。
②　店舗単位の障害の場合	1　障害が発生している店舗の管理者は、店内職員全員にその内容を周知徹底のうえ、店頭またはATMコーナーでお客様に事情を説明し、混乱や苦情を回避する。 2　窓口業務は僚店からの代行処理にて通常どおり行うが、緊急性を要しない取引の場合は、お客様に事情を説明のうえ、復旧後に処理することについて了解願うよう努める。 3　代行による処理がむずかしい場合には、業務別の暫定対応手順に基づき処理する。

を検討することが必要となる。図76は、障害発生時における優先業務を例示したものだが、緊急事態発生時の条件により優先すべき業務が変動するため、ここでは緊急事態発生後において継続すべき必要最低限の業務を定義している。

(7)　個別システムの復旧手順

金融機関としては、業務に必要な多種多様の情報システムを利用している。IT‐BCPで対象とする個別システムは、基幹システムと周辺系システムからなるが、それぞれのシステムについて個別の障害検知からITベンダー、ユーザー部門との連携手順を詳細に定義することになる。

基幹系システムである勘定系システムに障害が発生した場合には原則、IT‐BCPに定義する復旧手順に従うものの、BCP発動の判断が下された場合には、IT‐BCPの手順に従い行動するとともに、「BCP個別手順編（大規模システム障害編）」の手順にも従う必

図76　障害発生時における優先業務

関連システム	業務種類	業務内容
勘定系	預金	入払取引 新規・解約取引
	融資	新規実行取引 書替取引
	為替	テレ為替 給与振込取引
対外接続系	IB・FB	総合振込み 資金移動取引
自動機	預金	自動機の取扱い 自動機提携取引

要がある。ＢＣＰ発動に際して参照すべき手順とその順序を示しておくことも有効となる。

なお、個別システムにおける障害発生検知のパターンは、ＩＴベンダーが障害発生を検知した場合を想定すると図77のように定義できる。あわせて夜間・休祭日に障害が発生した場合の作業フローも策定していく。

同様に、金融機関側がシステム障害を検知する図78のようなパターンも想定しておく。この際、営業店などのほか、顧客から障害発生の連絡が入るケースも念頭に置くことが望ましい。その際には、夜間・休祭日に障害が発生した場合の作業フローも定義すべきだろう。

なお、営業店職員が障害を検知し、本部に報告するケースに際しては、次の項目について現時点でわかる範囲で報告する。

① 発生時刻
② 障害事象、内容
③ 復旧までの連絡先と連絡手段
④ 想定される業務への支障内容

障害発生時の連絡先については、障害が起こっているシステムの種類または障害内容に応じて、事前に情報連

図77　ITベンダーが障害を検知した場合の作業フロー

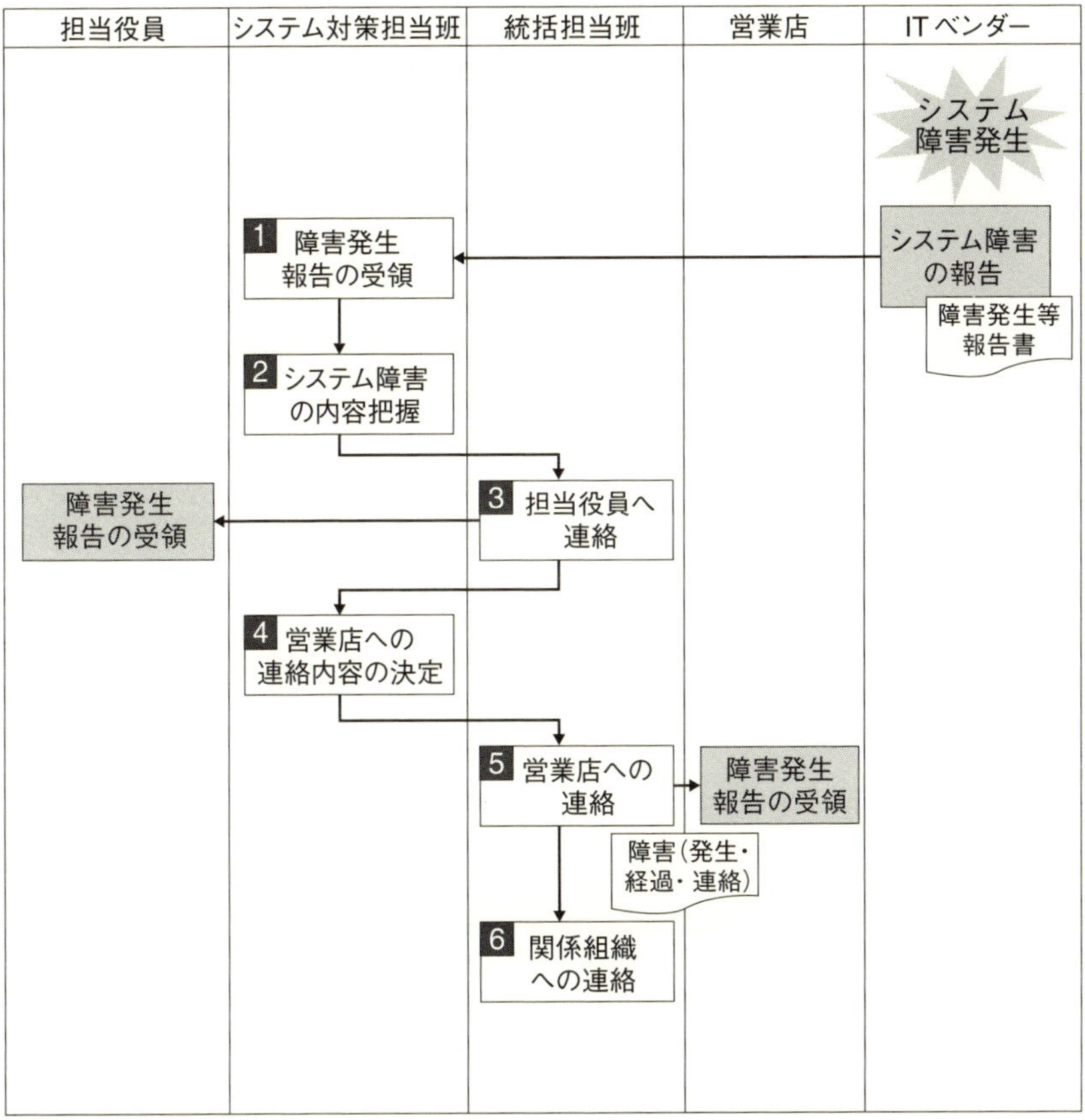

携先を個別に定義しておく。本部（システム部門）では、営業店に伝えるべきシステム障害の状況を整理し、システム障害により取扱いができない取引などについてすみやかに周知することになる。この作業と並行し、障害の程度や規模に応じ、当局や関係機関への第1報へと進んでいく。

次に、コンティンジェンシープラン発動の要否をBCP発動の可能性を含めて判断する（図79）。ITベンダーや営業店などからの障害状況報告をもとに、金融機関業務への影響度を

図78　金融機関が障害を検知した場合の作業フロー

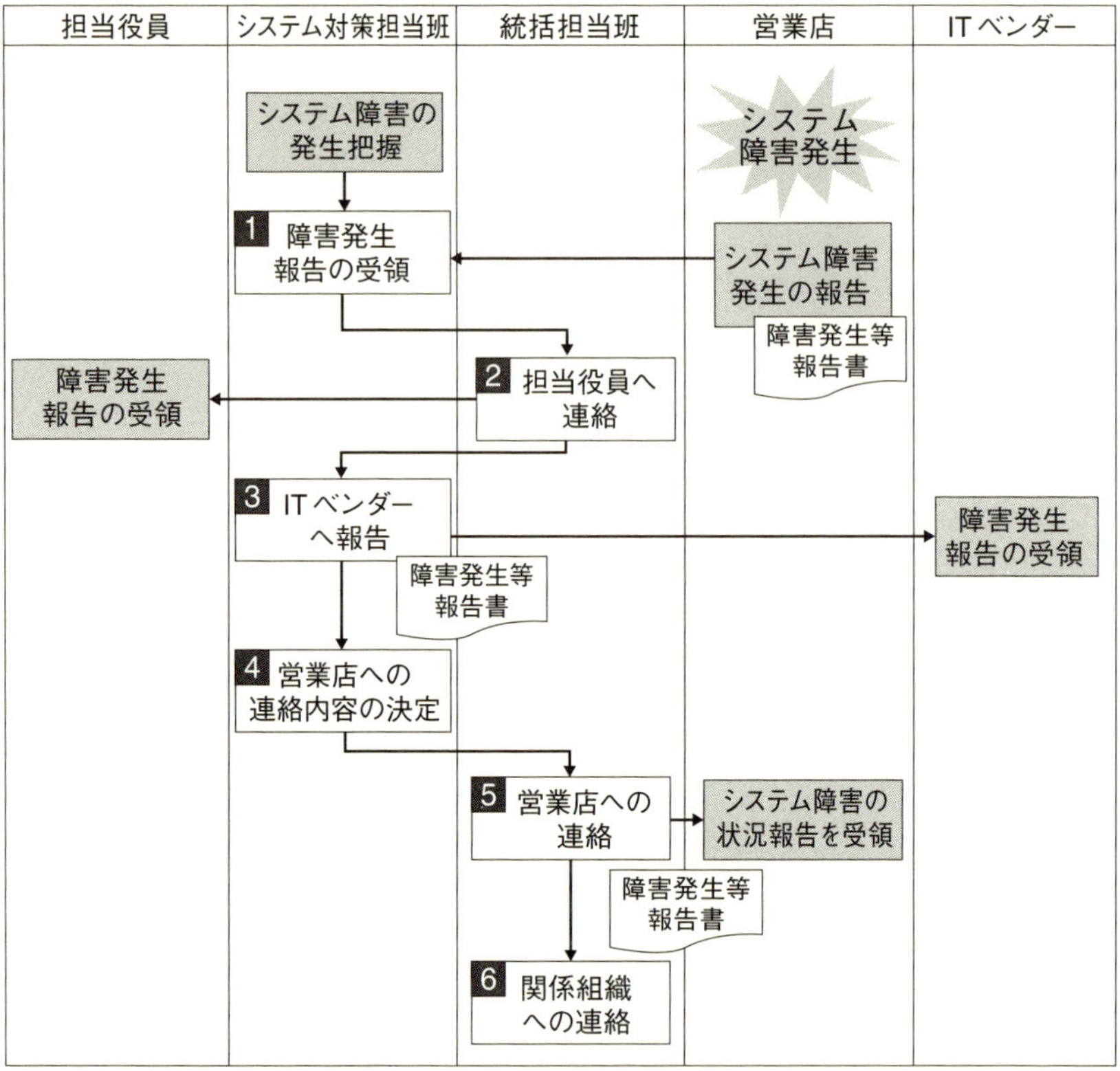

判断する。システム障害が金融機関業務へ与える影響をふまえ、担当役員がＣＰ発動要否を判断することになるだろう。その際の発動基準は前述のとおりである。

続いて、システム障害が金融機関全体に与える影響について捕捉する必要がある。障害に係る影響度を正確に行内から吸い上げることを目的に、担当部門は障害状況について営業店から取りまとめ、担当役員に報告する、といったフローが想定されるだろう（図80）。

障害発生原因についての究明作業も実施する。この際、ＩＴベンダーとの密な情報連携を要するため、土日や夜間であっても確実に連絡ができる双方の連絡先一覧を

図79　コンティンジェンシープランの発動判断

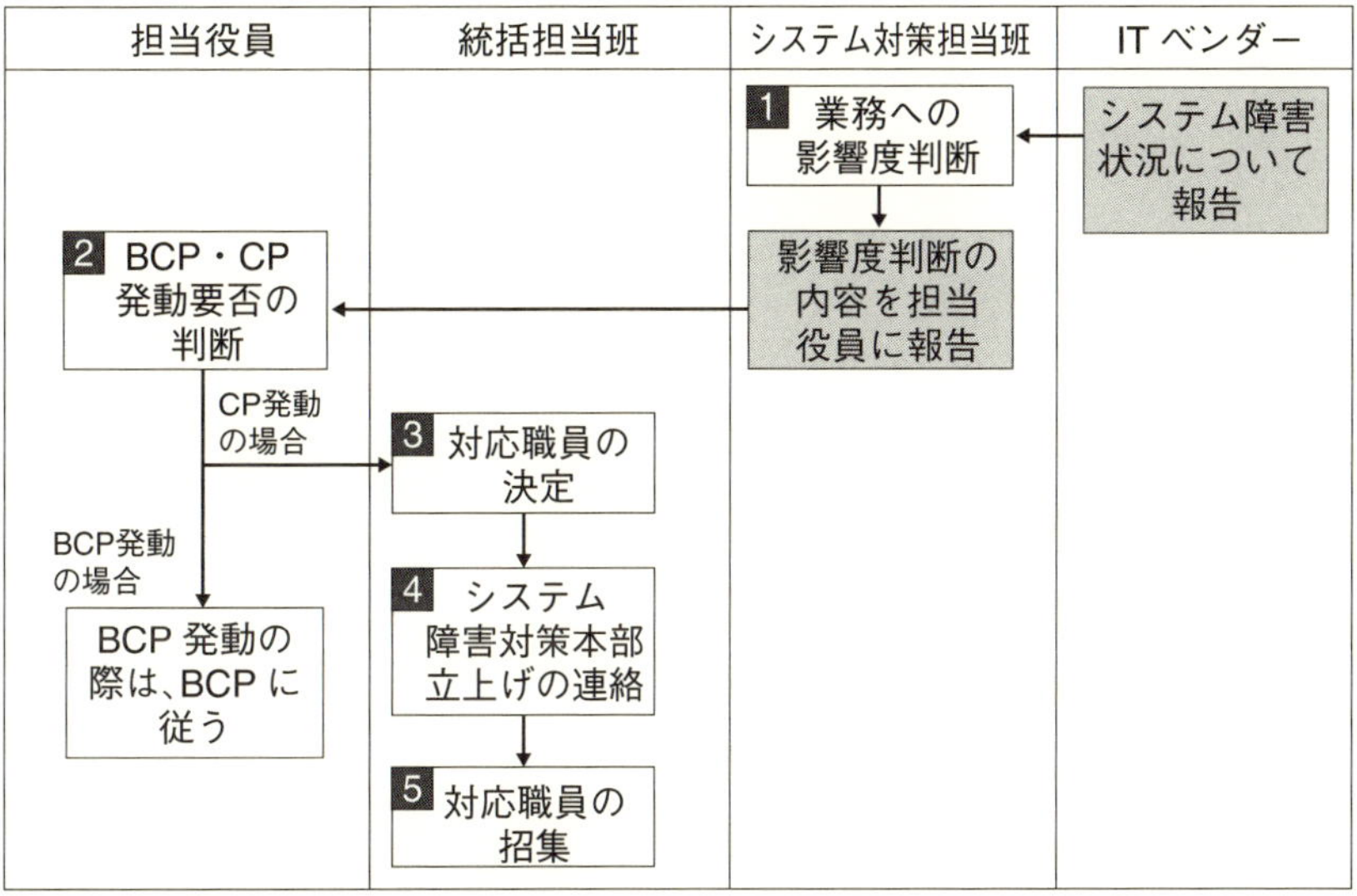

図80　障害が金融機関全体に与える影響の捕捉

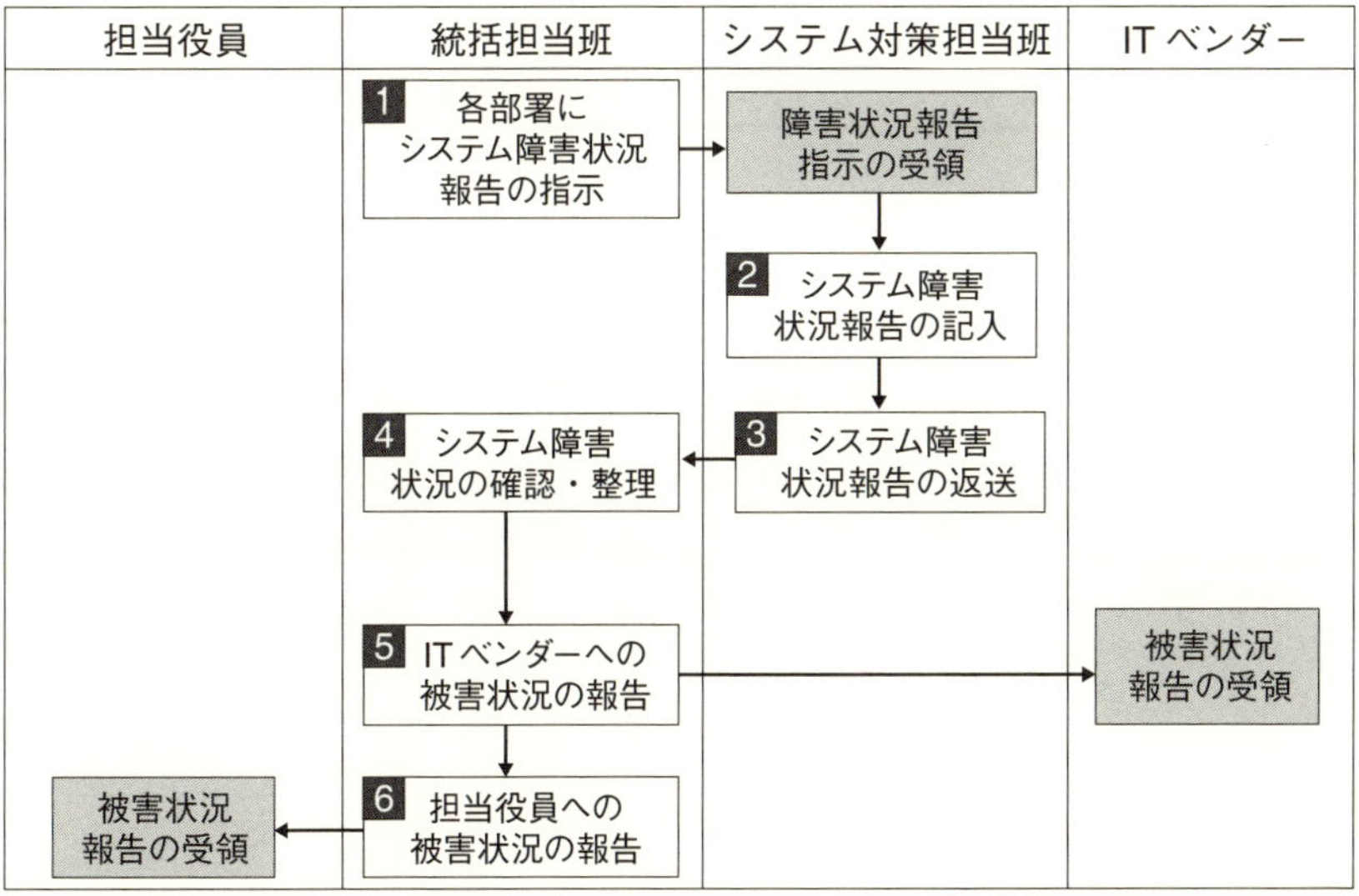

図81　障害発生原因の究明

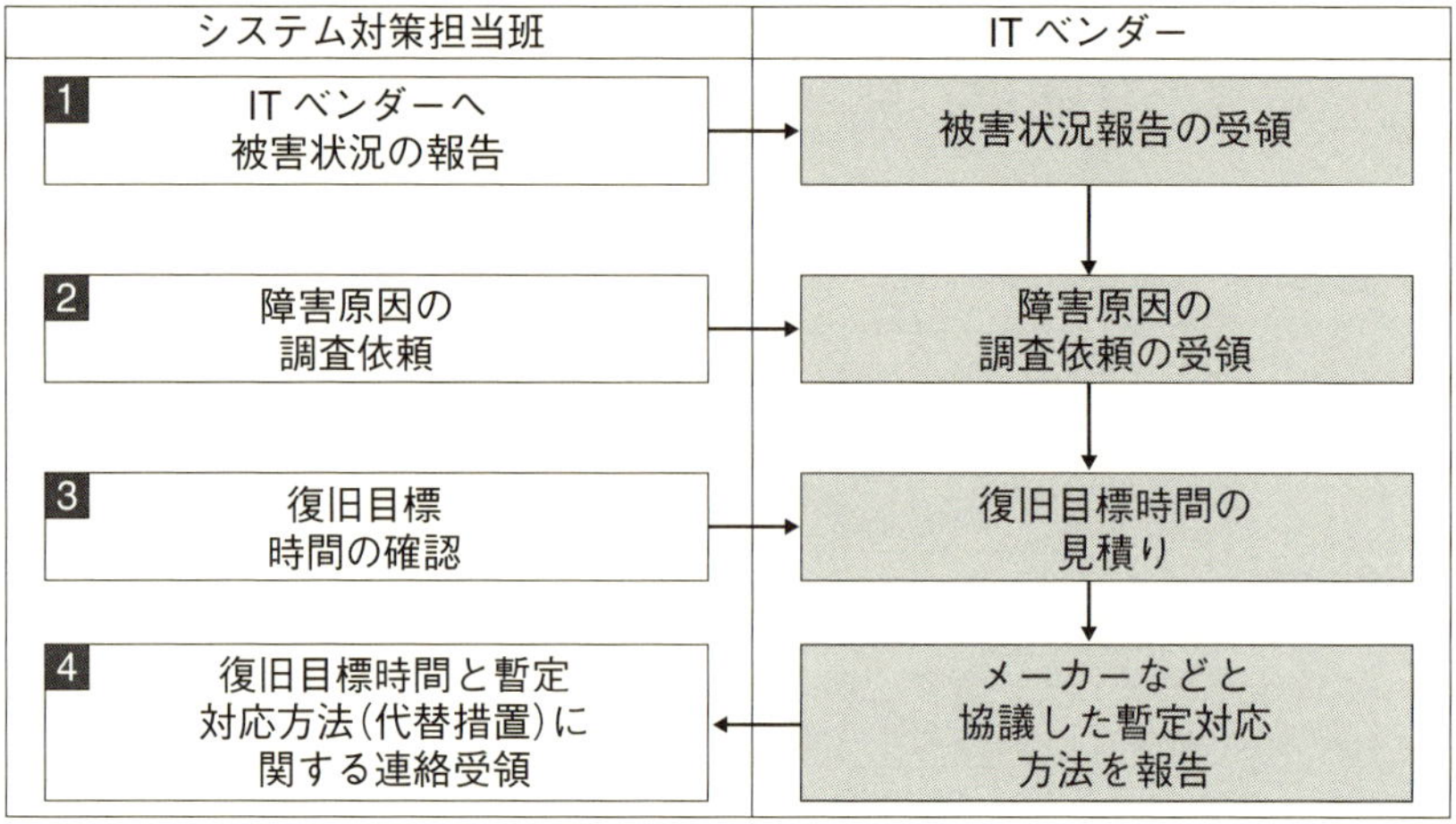

準備しておくことが必要だ。なお、図81は、障害発生時の原因究明作業のフローだが、システム対策担当班とITベンダーとの間に、営業店や社内関係組織、大手金融機関の場合であればシステムセンターなどとの連携手順、すなわち拠点にフォーカスした連携のあり方についても表現することが考えられる。

暫定対応に移行するまでにはさらに作業が発生する。復旧までの対応方針を決定しなければ、営業店での顧客対応に影響が生じるためだ。そこで、復旧までの対応策を統括担当班、システム対策担当班、業務対策担当班などで協議・決定し、応援要員を確保することを検討する。また、システム障害が発生している状況である場合、営業店窓口において復旧までの間に取り扱う取引や商品、その対応手法などについて検討し、決定する(図82)。

なお、必ずしもすべての営業店が同じ業務を遂行する必要はなく、業務継続可能な店舗を限定したうえで、その選定と営業時間を検討する、といったプランも考えられる。

営業店での取扱取引の選定においては、時間や曜日や繁忙日(月末・月初など)を考慮したうえで、顧客への影響に配意のう

図82　復旧までの対応方針の決定

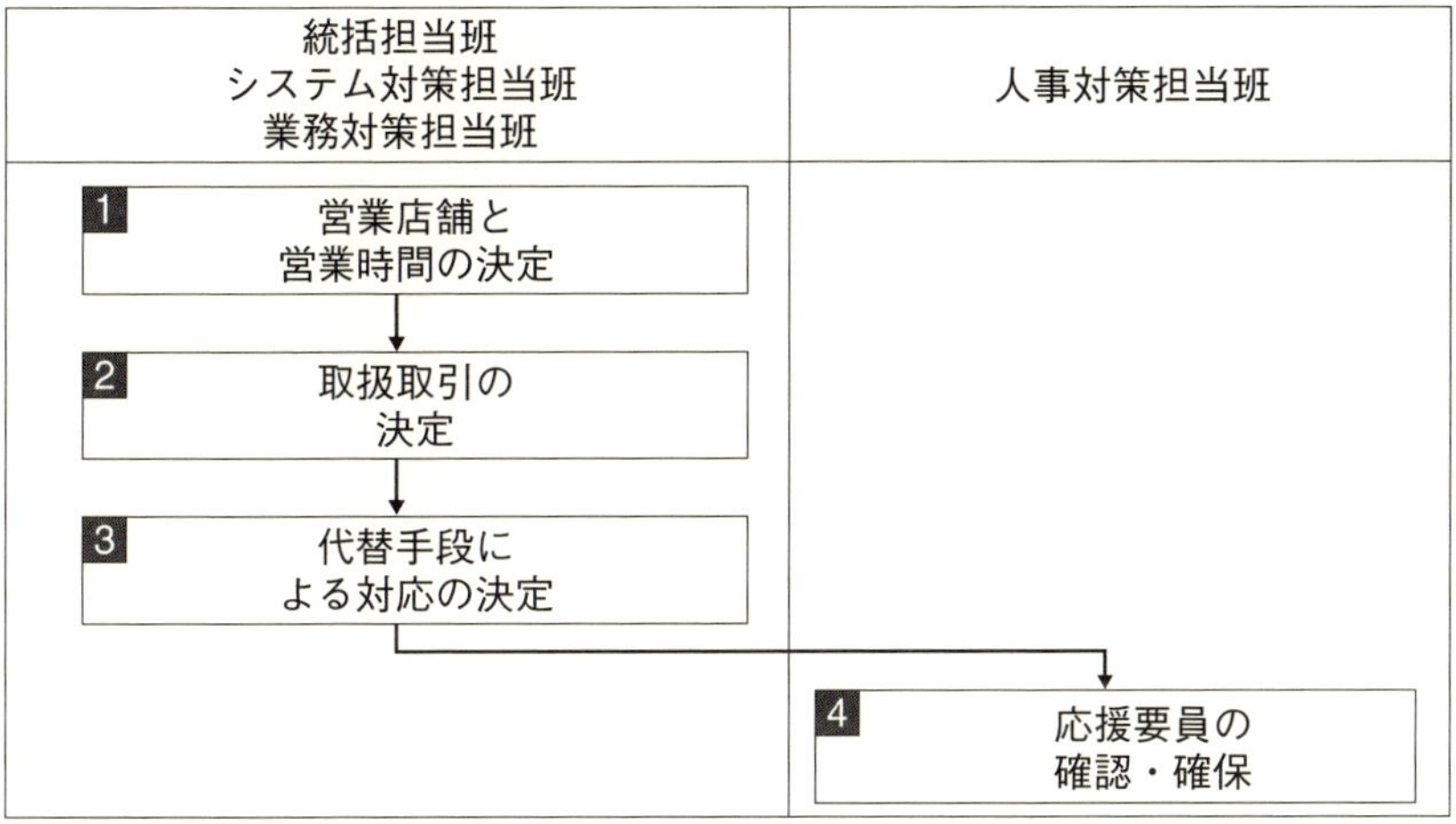

え、営業店職員が無理なく業務が遂行できる範囲内での計画を立てることが重要だ。営業を行う店舗を決定する際には、あわせて僚店先で代行処理による対応を行う取引を検討することも忘れてはならない。

これらの作業が完了した後、次のフェーズである暫定対応へと移行し、応援要員の営業店への派遣や、障害が発生したハードウェア（営業店の場合は店頭端末やATMなど）の調達作業へと進むのだが、本書は緊急時における初動対応にフォーカスしていることから、ここでは省略する。

なお、ここまでみてきた個別の手順については、表現手法としてBCPで定義した「非常時優先業務別の4ページの個別手順」のイメージを踏襲するのが好ましい。BCPと表現形式をあわせることで、読み手の理解も促しやすい。

以上、勘定系システムに障害が発生した場合の検知パターン、金融機関業務への影響度の捕捉、関係者間での連携イメージ、復旧までの対応方針といった初動対応を中心に紹介してきた。実際のIT‐BCPでは、同様に他の重要システムについて、一つひとつその障害発生検知から暫定対応、本格対応に至るまでの詳細な対応手順やＩＴベンダーとの連携、当局への報告手順および報告内容などについて検討することになる。

9 有事の際の職員行動規範の策定実務

大規模災害などの有事に際しては、自身の身を守り、発生後の混乱を乗り越え、最低限の社会のインフラが回復するまでの一般職員の行動基準も求められる。

一般にＢＣＰは有事に際しての災害対策本部の要員の行動基準や手順を定めるものである。金融機関では、教育や研修を通じてＢＣＰの内部浸透が計画されているものの、ＢＣＰドキュメントの詳細版ではなく概要資料の配布にとどまるケースが散見される。つまり、一般職員にまでＢＣＰの内容が行きわたっていないであろうことが想像にかたくない。その結果、「通勤途上で地震に遭った。自分はこのまま職場に向かうべきなのか。それとも自宅で待機すべきなのだろうか」といった問合せが、上司や職場に相次ぐこととなる。問合せを受けた上司も、当該職員をどのように誘導すればよいのか、答えとなる拠り所を有していないかもしれない。したがって、職員と上司間、上司と災害対策本部間における各種問合せが輻輳することだろう。

たとえば大規模震災発生時には、図83のように、「職員がいまどこにいるのか」といった視点で、被災シーンを分解定義することが有効だ。そのうえで、図84～87のように被災シーンに応じた職員の行動基準や会社として期待する行動モデルなどを個別に定義すべきだろう。ここで重要なのは、職員の居場所にかかわらず常に参照可

図83　職員行動規範で想定する被災シーン（大規模震災）

○　夜間や休祭日に大震災が発生した場合 ○　出勤途中・帰宅途中に大震災が発生した場合 ○　職場で大震災が発生した場合 ○　外出中・出張中に大震災が発生した場合

能とするため、カードタイプで折畳み式の書式を用意するなど、携帯を容易にする工夫が必要な点だ。会社に人数分常備したとしても、職員が外部にいたら参照できず、宝の持ち腐れとなりかねない。すでにカードタイプで常時携帯可能なツールは一般企業でも流通しており、参考にしていただきたい。

ＢＣＰと整合をとるうえでも、職員の行動基準についてはＢＣＰで取り上げる重要リスクごとに策定すべきである。また、職員へは、ＢＣＰで定義する教育計画を通じて「有事の際はまずは行動規範を参照し、書いてあるとおりに行動する」ことを周知し、いたずらに会社や上司に確認のための一報を入れさせないよう浸透させることも忘れてはならない。これらもふまえ、ＢＣＰの内部教育や研修に際しては、災害対策本部の要員を主たる対象としたＢＣＰの説明のみならず、有事の際の職員の自発的行動を浸透させるための時間としても活用することが望ましい。

10

ＢＣＰやＩＴ-ＢＣＰで実装すべきサイバーセキュリティ対策の個別手順

ここまで、ＢＣＰおよびＩＴ-ＢＣＰの外形や個別手順を、初動部分を中心に解説してきた。

図84　夜間や休祭日に大地震が発生した場合の職員の行動

あなたの行動	留意すべきこと
①　身の安全を確保する。	・落下や倒壊しそうなものの周囲から離れる。
②　周囲の安全を確認する。	・あなたの現在いる場所が、津波に襲われる可能性を考える。
③　安否確認システムに登録する。 （※）安否確認システム利用時	・指定の安否確認メールを確認し、もれなく安否を登録する。 ・安否確認システムに登録できない場合は、メールや電話などの他の手段により、上司に安否を報告するよう努める。
③　自身の安否を上司に伝える。 （※）安否確認システムなしの場合	・メールや電話などの手段により、自身の安否を上司に報告する。
(④)　災害対策本部に連絡を入れる。	・安否確認システムへの登録ができない場合、家族や住居等が被災した場合など、なんらかのトラブルが発生した際に実施する。 ・連絡に際しては以下の６点を伝える。 ✓あなたの負傷状況 ✓ご家族の負傷状況 ✓ご自宅の損壊状況 ✓ご自宅周辺の被災状況 ✓上記４点をふまえたあなたの出勤可能性 ✓あなたの連絡先と連絡手段（携帯や固定電話などが使えない場合や、身を寄せている場所）
⑤　翌日が出勤日であり、かつ出勤可能とあなたが判断した場合は、会社と連絡がとれなくても翌朝出勤する。	・交通機関が動いていない場合は、徒歩で出勤可能な場合のみ出勤する。

図85　出勤途中・帰宅途中・営業途中に大地震が発生した場合の職員の行動

あなたの行動	留意すべきこと
①　身の安全を確保する。	・電車やバスの場合、乗務員から避難指示があるまでは、車外へ出ない。 ・車を置いて避難するときは、できるだけ道路外の場所に移動しておく。 ・やむをえず車を道路上に置いて避難するときは、道路の左側に寄せて駐車し、エンジンを止め、エンジンキーはつけたままとし、窓を閉め、ドアはロックしない。 ・集金物、貴重品は必ず車内に残さず携行する。
②　周囲の安全を確認する。	・落下や倒壊しそうなものの周囲から離れる。
③　安否確認システムに登録する。 （※）安否確認システム利用時	・指定の安否確認メールを確認し、もれなく安否を登録する。 ・安否確認システムに登録できない場合は、メールや電話などの他の手段により、上司に安否を報告するよう努める。
③　自身の安否を上司に伝える。 （※）安否確認システムなしの場合	・メールや電話などの手段により、自身の安否を上司に報告する。
④　そのまま帰宅すべきか、職場に向かうべきかを判断する。	・交通機関が動いていれば、帰宅中の場合はそのまま帰宅し、出勤中の場合はそのまま出勤する。 ・交通機関が動いていなければ、自宅か職場か、どちらか近いほうに歩いて向かう。
(⑤)　災害対策本部に連絡を入れる。 　連絡先については、「緊急連絡先一覧」を参照	・帰宅・出社ができない状況にある等、なんらかのトラブルが発生した際に実施する。 ・連絡に際しては以下の６点を伝える。 ✓あなたの負傷状況 ✓電車やバスの運行状況や被害状況 ✓周辺の建物やインフラの状況 ✓周りの方の負傷状況 ✓上記４点をふまえたあなたの出勤・帰宅可能性 ✓あなたの連絡先と連絡手段（携帯や固定電話などが使えない場合の連絡手段や身を寄せている場所）

図86　職場にいるときに大地震が発生した場合の職員の行動

あなたの行動	留意すべきこと
①　身の安全を確保する。	・落下や倒壊しそうなものの周囲から離れる。 ・机等の下に身を隠す。
②　周囲の安全を確認するとともに、津波の襲来について確認する。	・津波が来るおそれがあるため、すぐに外部には避難せず、なるべく職場で待機する。 ・大地震が来た場合、まずは津波の襲来の可能性を念頭に置く。
③　来客とともに避難場所に移動する。	・来客には、安全が確認されるまで施設内にとどまってもらうよう促す。 ・避難場所については「各拠点の避難場所一覧」を参照
④　負傷者を救護する。	・周囲で負傷者がいる場合、あなたが負傷者の救護を率先して実施する。
⑤　安否確認システムに登録する。 （※）安否確認システム利用時	・指定の安否確認メールを確認し、もれなく安否を登録する。 ・①-④の行動を優先した後に、安否確認システムに安否を登録すること ・安否確認システムに登録できない場合は、メールや電話などの他の手段により、上司に安否を報告するよう努める。
⑤　自身の安否を上司に伝える。 （※）安否確認システムなしの場合	・口頭、文書、メール、電話などの手段により、自身の安否を上司に報告する。
⑥　業務エリア・執務室全体の被害状況を確認する。	・業務エリア・執務室の被害状況、特にコンピュータや端末の稼働状況を確認する。 ・業務エリア・執務室の被害状況の把握は、あなたの身の安全が確保されてから着手すること
⑦　所属長へ⑥を報告する。	・あなたの所属長に業務エリア・執務室の被害状況、特にコンピュータや端末の稼働状況を報告する。
⑧　建物内で災害対策本部からの指示を待つ。	・災害対策本部から指示があるまでは、執務室内など、安全が確保できる場所で待機する。 ・津波襲来の可能性があるため、建物の外へは出ない（ただし、建物の倒壊のおそれがない場合）。

図87　出張中に大地震が発生した場合の職員の行動

あなたの行動		留意すべきこと
①　身の安全を確保する。		・落下や倒壊しそうなものの周囲から逃げる。 ・机等の下に身を隠す。
②　安全な場所に待機する。		・訪問先の建物か、最寄りの国内／海外拠点にて待機する。 ・最寄りの拠点までたどりつけない場合には、安全が確保可能な場所に避難すること
③　安否確認システムに登録する。 （※）安否確認システム利用時		・指定の安否確認メールを確認し、もれなく安否を登録する。 ・安否確認システムに登録できない場合は、メールや電話などの他の手段により、上司に安否を報告するよう努める。
③　自身の安否を上司に伝える。 （※）安否確認システムなしの場合		・口頭、文書、メール、電話などの手段により、自身の安否を上司に報告する。
(④)　緊急時対策本部に連絡を入れる。		・安否確認システムへの登録ができない場合、家族や住居等が被災した場合等、なんらかのトラブルが発生した際に実施する。 ・海外で被災した場合、安否確認システムが起動しない可能性があるため、自発的に上司に安否報告をすること ・連絡に際しては以下の４点を伝える。 ✓あなたの負傷状況 ✓付近の被災状況 ✓職場への復帰勤可能性 ✓あなたの連絡先と連絡手段（携帯や固定電話などが使えない場合や、避難場所など） ・連絡先については「緊急連絡先一覧」を参照
⑤　帰国・帰社の準備を開始する。	国内出張の場合	・交通機関が利用可能な場合、職場からその場にとどまるよう指示がない限り職場に戻る。 ・交通機関が利用できない場合、安全が確認され交通機関も動き始めた段階で職場に戻る。
	海外出張の場合	・交通機関が利用可能な場合、職場からその場にとどまるよう指示がない限り職場に戻る。 ・交通機関が利用できない場合、現地報道や大使館から情報収集し、現地にて待機する。

では、サイバー攻撃を意識した個別手順をいかにＢＣＰやＩＴ－ＢＣＰに実装すればよいのだろうか。まずは、金融機関としての対応が開始されるトリガーとなるケースを検討する。たとえば、「事前にサイバー攻撃の予兆を検知するケース」と「攻撃されたことを検知するケース」に大別することができる。

図88では、サイバー攻撃を予告された、サイバー攻撃を検知した、といった2つの検知パターンを示している。2つのパターンを入り口に、時系列で対応手順を実装する必要があるのだが、金融庁では、「ＣＰに即して」手順化することを求めており、これに準拠することとなる。

ＩＴ－ＢＣＰに即した手順の一部としてあらためて図88をみてみると、①のサイバー攻撃の予告を発見、すなわち攻撃されそうだとの予兆を検知するパターンは、その時点では攻撃にさらされていないため、システムそのものに障害は発生していない。他方、ＩＴ－ＢＣＰの手順は「システムになんらかの障害が発生した後」に開始されるケースが多いはずだ。つまり、①の事前検知パターンは、そのままでは既存のＩＴ－ＢＣＰの手順定義にはなじまないことがわかる。ＢＣＰが金融機関全体のリスク管理の指針と対応手順を示し、システムに係る部分はＩＴ－ＢＣＰにて定義する、また、システムごとの個別対応手順はＩＴ－ＢＣＰに隷下する、といった構造で整理されることはすでに述べた。すなわち、サイバー攻撃の検知パターンに着目すると、①の事前検知パターンは対応手順として「平時の対応態勢の一部手順」として別途策定し、予告を受け実際に攻撃を受けた場合には、これを起点になんらかのかたちでシステムに異常や障害を生じるはずであるから、以降はＩＴ－ＢＣＰの手順に従う、として文言を用意することが考えられる。

他方で②のパターンは、実際にサイバー攻撃を受けた時点から行動が開始される。「サイバー攻撃を受けた」ということは、「システムになんらかの障害が発生」している、あるいは「取引やデータが改ざんされている」

図88　サイバー攻撃の検知パターン

検知パターン	対応すべき事項（フローを意識したもの）
①　サイバー攻撃の予告を発見	1　発見者は、情報セキュリティの統括部門（●●部）へ連絡 2　情報セキュリティの統括部門（●●部）から関係各部へ連絡 3　当行を指定された場合はそれぞれ報告 当局：●●部 警察：●●部 4　当行を指定された場合、予告元の調査以来 5　ホームページ提供ベンダーへの監視依頼（攻撃の有無） 6　インターネットベンダーへの監視依頼（攻撃の有無） 7　電子メールの監視
②　サイバー攻撃を検知	1　発見者は、情報セキュリティの統括部門（●●部）へ連絡 2　情報セキュリティの統括部門（●●部）から関係各部へ連絡 3　情報セキュリティの統括部門（●●部）から外部の関係機関へそれぞれ報告 当局：●●部 警察：●●部 4　ベンダーへ調査と緊急対応の依頼（攻撃元のIPアドレスの特定と遮断）

「情報が搾取された」といった状態を指すため、通常のＩＴ－ＢＣＰで定義したシステム障害への対応手順に準拠すればよい。ただし、留意すべきは「その攻撃による影響が自行にとどまるか（局所的か）、あるいは同業他社（他行）にも同様の影響を与えることが想定されるか」、といったアセスメント次第で、図89のような構造となる点だ。アセスメントの結果、影響が「自行にとどまる」ことが明白である場合は通常のＩＴ－ＢＣＰの手順を履行すればよい。反対に、「業界対応が必要」となれば、当局へのエスカレーションのほか、業界団体などを

図89　サイバー攻撃を検知した場合の想定フロー

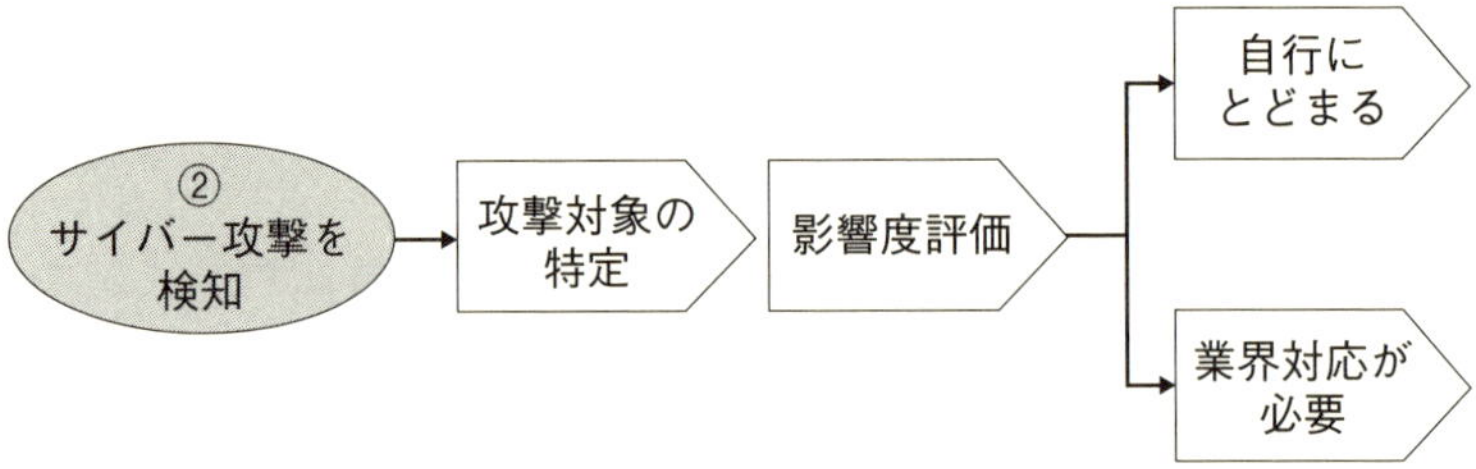

図90　サイバー攻撃と他リスクとの対応手順の差異

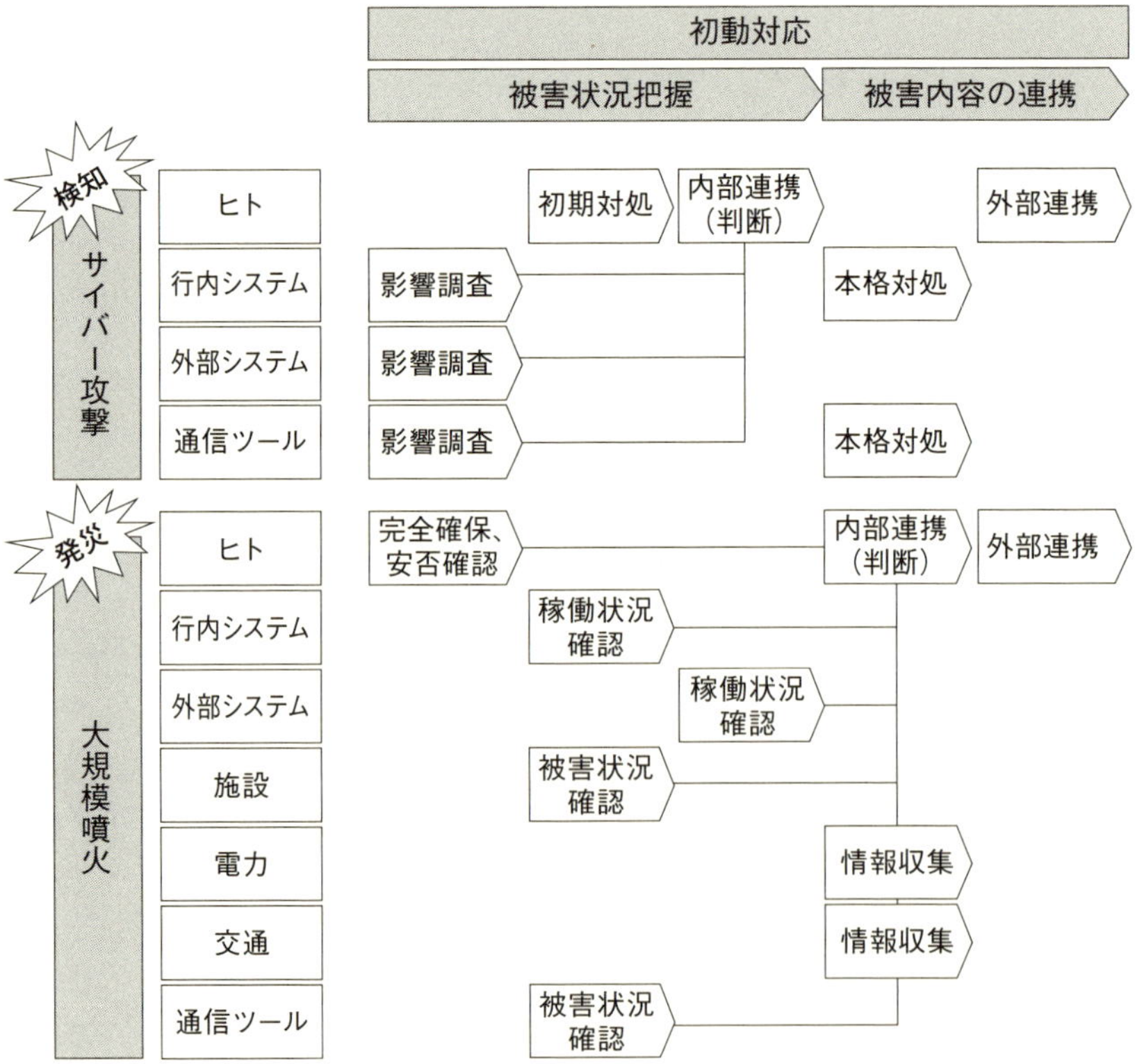

通じた通報をすみやかにこなす、といった外部機関を中心とした対外情報発信作業を自行側対応と並行してこなす必要がある。

なお、サイバー攻撃と他のリスクでは、リソースが影響を受けるスピードが異なるため（図90）、初動対応のなかでも優先すべきリソースの順番も変わる。したがって、手順化の際にはこれらの差異にも着目しつつ具体的な手順を検討する必要がある。

11 組織内ＣＳＩＲＴとシステム部門、災対本部の位置づけ

ここで、組織内ＣＳＩＲＴ（Computer Security Incident Response Team）に触れておきたい。組織内ＣＳＩＲＴでは、主として２つの機能を果たすことが期待される。１つは「組織内での情報共有・連携機能」、もう１つが「外部機関との連携・調整機能」である。ただし、これらの機能は、情報システム部門においてすでに実装されている場合がある。したがって、必ずしもＣＳＩＲＴという独立した組織を組成するのではなく、既存部門の一機能として位置づけることも可能だろう。

なお、組織内ＣＳＩＲＴは常時設置されるのに対し、ＢＣＰで定義する災害対策本部はＢＣＰ発動事象に該当した場合のみ設置されることとなる。また、リスク発現前／リスク発現後でも両者の役割は異なっている。ここで重要なのは、既存のＩＴ‐ＢＣＰの大規模システム障害への対応手順において、組織内ＣＳＩＲＴと災害対策本部との役割分担、組織内ＣＳＩＲＴの災害対策本部へのシームレスな機能移管／統合の手順を定義することで

ある。

サイバーセキュリティ演習などに際しては、組織内ＣＳＩＲＴが入り口のリスクを検知し、その後にあらかじめ定義された対応手順が履行される。ただし、サイバー攻撃による金融機関内部への影響がきわめて甚大であったり、長期間にわたる影響を受ける可能性があったりする場合は、ＢＣＰの発動要否を検討する必要がある。ＢＣＰを発動する場合は、組織内ＣＳＩＲＴは災害対策本部に組み込まれる格好で、災害対策本部の特定機能を果たすことになる。他方、ＢＣＰ発動に至らないケースでは、組織内ＣＳＩＲＴはＩＴ部門やベンダーとの連携をふまえた特定行動が求められるはずだ。すなわち、攻撃検知からＢＣＰ発動に至るまでのあらゆるプロセスや判断基準、各プロセス中の内部組織や外部機関との情報連携のあり方が問われることとなる。

第3章

サイバーセキュリティ演習を念頭に置いたBCP訓練の実装実務

サイバーセキュリティ対策を意識したＢＣＰ、ＩＴ－ＢＣＰなどを策定できたら、次はドキュメントに隠れた瑕疵がないかどうか、手順に抜けもれがないか、といった評価が必要となる。また、策定したドキュメントは書庫に格納して終わり、といったわけにはいかず、システム部門、災害対策本部の要員、営業店などの中核職員などに配布のうえ、意識啓発を図る必要もある。いわゆる教育や研修に当たる作業だ。

この評価と教育・研修の一環として計画されるのがＢＣＰ訓練や演習と呼ばれるものだ。混同しがちな訓練と演習だが、実は明確な定義差が存在する。

訓練は、実際に行動して担当者に手順を習熟させたり、ある一定のレベルに水準を引き上げたりするために行う教育的活動、といったことになる。他方の演習は、あらかじめ決めた手順などに習熟するために行う練習のほか、インシデント発生を想定して行う訓練を指す、との解釈が可能だ。すなわち本来は、訓練は手順の習熟を目的に実施するもの、演習はより実践的に本番さながらのインシデントを想定して実施するもの、と理解すべきだろう。ただし、世の実態として金融機関でも両者はほぼ混同して使用されていることもふまえ、本書ではＢＣＰ全般の説明に使用する場合は「訓練」と称し、金融庁が実施予定のサイバーセキュリティ対策に向けた訓練については「サイバーセキュリティ演習」として紹介することとする。

なお、２０１６年10月に予定される金融庁主催のサイバーセキュリティ演習については本書執筆時点でその実施要領は公表されていないため、一般に想定される範囲内でその実施要領などを解説する。

1 BCP訓練の種類

一言でBCP訓練といっても、その実施形態はさまざまだ。図91はその種類を整理したものだ。なお、それぞれの訓練に共通するのは初動対応を中心に訓練を実施する点である。BCPは初動対応、緊急対応、暫定対応、本格対応といった主に4つの対応フェーズで定義されるのが一般的だが、暫定対応フェーズや本格対応フェーズは、インシデント発生から相当程度時間が経過してから着手されるものだ。したがって、当該手順を仮に定義していなかったとしても、関係者が集まり、時間をかけて対応内容を検討することで実務的な対応をこなすことも可能だろう。しかしながら、インシデント発生直後に求められる初動対応については、きわめて迅速な判断や意思決定、関係者間での情報連携が求められる。そこで、BCP訓練では主として初動対応や緊急対応、すなわち「インシデント発生から5時間後まで」「インシデント発生から1日経過後まで」といった時間軸を設定して実施されるケースがほとんどである。

ドキュメントウォークスルー（内部組織のみ）は最も初歩的な訓練となる。BCPを策定し、すぐに高度な訓練を実施しようとしても、まずうまくいかない。策定した手順が実態とかけ離れていたり、その実効性が伴わなかったりするケースが存在するためだ。そこで、まずは策定したBCPおよび関連ドキュメントを内部関係者で読み合わせることで、隠れた瑕疵を抽出することが訓練の目的となる。また、訓練を通じた関係者間での有事対応の意識合わせにも有用となる。なお、この訓練では参加者を内部関係者に限定するため、手順に定義された外部組織などとの連携については、「連携した」こととして作業をスキップする、といった対応でもよい。ただ

図91　BCP訓練の種類

種別		目的
訓練	ドキュメントウォークスルー（内部組織のみ）	・BCPおよび関連ドキュメントを内部関係者で読み合わせ、隠れた瑕疵を抽出する。 ・関係者間での有事対応の意識合わせを実施する。
	ドキュメントウォークスルー（外部組織を含む）	・外部組織を交え、隠れた瑕疵を抽出する。 ・外部組織との間で、有事対応の意識合わせを実施する。
	情報連携テスト	・関係者間でのツール（携帯、衛星電話、電子伝言版、その他）を用いた連絡を実施し、伝達時間や連携ツールのあり方などを確認する。
	オープンテスト（内部組織のみ）	・用意されたシナリオに基づき、内部関係者のみに限定し、実地訓練を実施する。
	オープンテスト（外部組織を含む）	・用意されたシナリオに基づき、外部組織も交えて、実地訓練を実施する。
	ブラインドテスト（内部組織のみ）	・事前にシナリオを開示することなく、内部組織のみに限定し、実地訓練を実施する（訓練目的、訓練日時などのみを開示）。
	ブラインドテスト（外部組織を含む）	・事前にシナリオを開示することなく、外部組織も交え、実地訓練を実施する（訓練目的、訓練日時などのみを開示）。

し、外部機関との連携部分については、前後の作業との連続性や整合性が確保されているかどうか、といった視点をもって検証することが肝要だ。

なお、ドキュメントウォークスルーであらかじめ定義された手順の確認ができたら、少々難易度を上げ、想定外のリスクへの対処方針について関係者間でディスカッションする、といった机上演習への発展も可能となる。たとえば、とある金融機関では「ゴジラが東京湾に上陸したらどうすればよいか」といった実際には起こりえないだろう事象を想定し、既存の手順やリソースをいかに援用して対応が可能かを討議している。実際、2001年の米国同時多発テロに先行し、当時ニューヨークのワールドトレードセンタービルに入居していたドイツ銀行は、「民間旅客機がハイジャックされ、ワールドトレードセンタービルに突入したら」といった想定をし、テロへの備えとして勘定系システムの本国との切替手順のテストなどを実施しており、実際に同時多発テロに際しても、飛行機突入後の早い段階で本国のシステムとの切替えが実現し、スムーズな事業継続が実現されたと聞く。想定外の事象への組織的対応力を確保するうえでは、柔軟な発想を生み出すための日頃のフリーディスカッションといった場もドキュメントウォークスルーといえよう。NTTデータ経営研究所が主催するBCP訓練でも、BCPを策定したばかりの金融機関にはまずドキュメントウォークスルー（内部組織のみ）の実施を推奨している。

ドキュメントウォークスルー（外部組織を含む）は、これに外部組織にも実際に参加してもらいながら実施するものだ。ドキュメントウォークスルー（内部組織のみ）でスキップした外部組織部分の検証が目的となる。参加する外部機関としては、まずはITベンダーがあげられる。システム障害などのほか、大規模震災が発生した場合を想定しても、金融機関としての重要リソースであるシステムの運用状況の確認が重要なため、初動を中心に対応手順や連携のあり方をチェックしていく。ただし、この訓練でも金融庁や警察、消防といった外部機関との連携手順についてはスキップしておけばよい。留意すべきポイントはドキュメントウォークスルー（内部組織のみ）と同様だ。

情報連携テストは、関係者間でのツール（携帯電話、衛星携帯電話、電子伝言板、その他）を用いた連絡を実施し、関係者間での情報の伝達時間や連携ツールのあり方などを確認することを目的に実施する。大規模震災でも大規模システム障害であっても、重要なのはインシデント発生直後からの初動対応である。そのため、必要となる相手先の電話番号などが記載された一覧の使い勝手や抜けもれなどのチェックがこの訓練の主たる目的ともなる。その際、大規模震災などに際しては電話の輻輳や通信制御などが加わることが想定されるため、一般の携帯電話や固定電話が使用できない可能性を念頭に置く必要がある。また、多くの企業で普及しているIP電話については、外部電力が遮断された場合には使用できない、もしくは数時間しか使用できない、といった場合がある。こうしたケースを想定し、衛星電話や優先電話の番号など相手先の緊急連絡ツールを事前に確認し、連絡先一覧に追記しておくことが望ましい。

オープンテスト（内部組織のみ）からはより実践的な訓練となる。用意されたシナリオに基づき、内部関係者のみに限定し、実地訓練を実施することとなる。緊急時には災害対策本部を設置する会議室などが必要となるが、実際に要員に災害対策本部に参集してもらい、そこからあらかじめ決められたシナリオに基づき、訓練事務局からのアナウンスや誘導をトリガーに実施していく。なお、訓練に使用するシナリオなどについては後述する。なお、この訓練では事前にシナリオを参加者に開示することから、予習も可能となるなど、参加者の意識啓発や教育を目的に実施される場合が多い。この訓練でもITベンダーや当局を含む外部機関との連携手順については「連携した」こととしてスキップするのが一般的だ。ただし、NTTデータ経営研究所が実施する訓練では、事務局が外部機関の役割を担うことで、実際に参加者は事前に事務局から通知された各関係機関別の電話番号に発信し、必要な報告をしてもらう、といった対応を実現している。この場合、ITベンダー、警察、消防、金融庁（財務局）、日本銀行の支店、といったように、実際のBCPで連携先として定義している関係各所ごとに訓練用の連絡先（電話番号、FAX番号など）を設定し、訓練前に周知する。

オープンテスト（外部組織を含む）は、用意されたシナリオに基づき、外部組織も交えて、実地訓練を実施する。内容はオープンテスト（内部組織のみ）と同様だが、一般的にITベンダーに参加してもらうケースが多いようだ。なお、ITベンダー以外の関係機関については事務局が役割を担うことも可能であるし、「連携した」こととして当該手順をスキップしてもよい。

ブラインドテスト（内部組織のみ）からは訓練の難易度が高くなる。事前に参加者にシナリオを開示することなく、内部組織のみに限定して実地訓練を実施する（訓練目的、訓練日時などのみを開示）こととなる。たとえば、発生インシデント自体を参加者に事前に周知しない、といった進め方のほか、複数のインシデントを同時に発生させることで、参加者を意図的に混乱に陥らせる、といったことも可能となる。発生インシデントが何であるかを開示しないということは、参加者は事務局からのアナウンスがあるまでの間、大規模震災、大規模システム障害、爆破テロといった事象が生じた場合に備えた事前の脳内シミュレーションができないことを意味する。オープンテストを十分にこなした金融機関であれば、参加者の緊張感維持を図るうえでも積極的に導入すべき訓練手法である。

なお、ブラインドテスト（外部組織を含む）についても、ITベンダーなどに参加してもらい、同様に実施する。

BCP訓練を本格的に導入しようとする金融機関では、まずは図91に記載したドキュメントウォークスルーから順にオープンテスト、ブラインドテストへと順次進めていくことが現実的であるし、望ましい。これはBCP訓練の順次発展型モデルともいえる。

図92　BCP訓練に必要な作業

2 事前準備からの一連の流れ

図92はBCP訓練に必要な一連の作業を可視化している。

訓練実施に先駆け、まずは、既存のBCPおよび部門別のBCP（手順、ワークフロー）があれば、それらを事前に再評価しておくことが望ましい。BCPには連絡先一覧や組織図といった陳腐化しやすい情報が多分に盛り込まれており、放置すればあっという間に有事の際の拠り所としての有意性を損なってしまうためだ。これら図92の「事前準備」に該当する作業を詳細化したものが図93となる。

訓練実施に際して不足する手順や観点などを特定し、事前に各部門にて修正対応を施すことも必要だ。訓練スコープなどが確定した後、訓練計画の策定作業に進む。大規模震災を想定した場合では、想定地震の発生日時やその規模、被災状況などをもとに訓練シナリオを作成し、各部門の重点チェックポイントを設定し、目標となる達成水準・評価尺度を設定する。

訓練スコープなどが確定した後、訓練計画の策定作業に進むことになる。図94は訓練計画の策定フロー例を示しているが、大規模震災の場合では想定地震の発生日時やその規模、被災状況などをもとに訓練シナリオを作成するとともに、各部門の重点チェックポイントを設定し、目標となる達成水準・評価尺度を設定する。また、あわせて全体スケジュールの詳細化を図る。

図93　事前準備

情報収集	評価および課題抽出	手順書などの修正対応	訓練目的・種別・スコープの設定
[BCP関連資料収集] BCP／CPの整備項目ごとに、ドキュメント調査やヒアリングを通して情報を集約 〈収集対象文書の例〉 • 組織図 • BCP／CP関連ドキュメント（障害復旧手順等） [関係者ヒアリング] 関連項目ごとに、必要に応じて各部門へのヒアリングを実施	[実効性評価] 有事の際の運用性に着目し、必要な連携ツールが用意されているか、具体的なアクションを実行する人物が特定されているか、外部文書へのリンクが張られているか、などを評価 [課題抽出] 今後の BCP 訓練において現時点で不足する情報や課題を抽出するとともに、優先順位づけを実施	[各部門の修正対応] 抽出された課題などをふまえ、各部門に、BCPの修正対応を依頼	[訓練目的の確認] 「何を確認するための訓練なのか」を討議のうえ決定 [訓練種別とスコープ の決定] 複数ある訓練種別から、目的に適った訓練を特定 また、内部組織のみ、外部組織を含めるなどといった、訓練範囲を設定

図94　訓練計画の策定

訓練シナリオの作成	重点チェックポイント検討	詳細スケジュールの策定
[訓練シナリオの作成] 訓練種別、訓練スコープをふまえ、実効性の高い訓練シナリオを検討 • 想定地震 • 発生日時（平日 OR 休祭日、夜間 OR 日中） • 被災状況（本店、支店、センター） • インフラの復旧見通し	[訓練目的を意識したチェックポイントの導出] 訓練目的を理解のうえ、各部門、全行といった観点で必要なチェックポイントを検討 [評価手法・評価レベル検討] 複数の観点から、各部門、全行レベルでの実効性評価の尺度を検討	[スケジュールの詳細化] マイルストーンを設け、訓練全体の詳細スケジュールを策定 • 訓練当日から終了までのタイムライン • 参加者の関与タイミングの想定 • シナリオの分解による周知情報発信タイミングの定義 • 収集すべき情報の取得タイミング

図95　訓練ドキュメントの作成

事務局用マニュアル作成	評価・ワークシート作成	配布用訓練実施要領作成
[事務局用マニュアル作成] 事務局用のマニュアルを準備 ・全体スケジュール ・参加者リスト ・全体ワークフローイメージ図 ・チェックすべき観点 ・指導要領 ・その他	[事務局用評価シート作成] 事務局が各部門の評価に際して利用する評価シートを準備 [部門用チェックシート作成] 訓練時に各部門が自己評価として記入するためのワークシートを準備	[実施要領作成] 各部門が利用するワークシートとともに各部門に事前配布し訓練趣旨や目的、当日の流れなどを理解してもらうための実施要領を準備

訓練の全体概要が固まった後、訓練ドキュメントを作成する。図95は訓練ドキュメントの作成フローを示したものだが、主に事務局（経営企画部門など）が利用するマニュアル、および各部門が利用するワークシートが想定される。一度作成したドキュメントは次年度以降のツールとして継続使用が可能なため、再利用しやすい形式であることが求められる。

3　BCP訓練における評価手法

図96は部門別評価から課題抽出、評価書作成までの一連の作業を俯瞰したものだ。

BCP訓練は単にBCPに記載された手順を機械的に履行するだけではない。参加者や参加各部門の課題を抽出することが目的であり、BCPを常に新鮮に保つための改善活動の一環でもある。そこで、訓練ごとに評価手法を設定する。

図97は実際の評価手法の設定例となる。ここでは、3つからなる評価の視点を定義している。①重要業務の遂行では、全行共通の重要業

図96　評価から評価書作成まで

部門別評価の実施	課題抽出および ロードマップ策定	総合評価書の作成
[評価シートの収集] 各部門から評価シートを収集し、情報を集約 [関係者へのヒアリング] 関連項目ごとに、各部門の有識者の方へ、当日の行動についてヒアリングを実施	[部門別の課題抽出] 各部門の個別課題を抽出し、部門別評価書に反映 [全行レベルでの課題抽出] 各部門における課題抽出をふまえ、全行レベルでの課題のうち、優先的に対応すべきものを特定 [改善に向けたロードマップ策定] 優先対応すべき課題について、改善に向けた to-be像を導出しつつ、ロードマップを策定	[各部門評価書の作成] 各部門向けに、BCP訓練を通じて認識された課題や改善ポイントなどを記した評価書を作成 [総合評価書の作成] 経営層向けに、BCP訓練を通じて認識された課題や改善ポイントなどを記した評価書を作成

図97　BCP訓練における評価手法の設定例

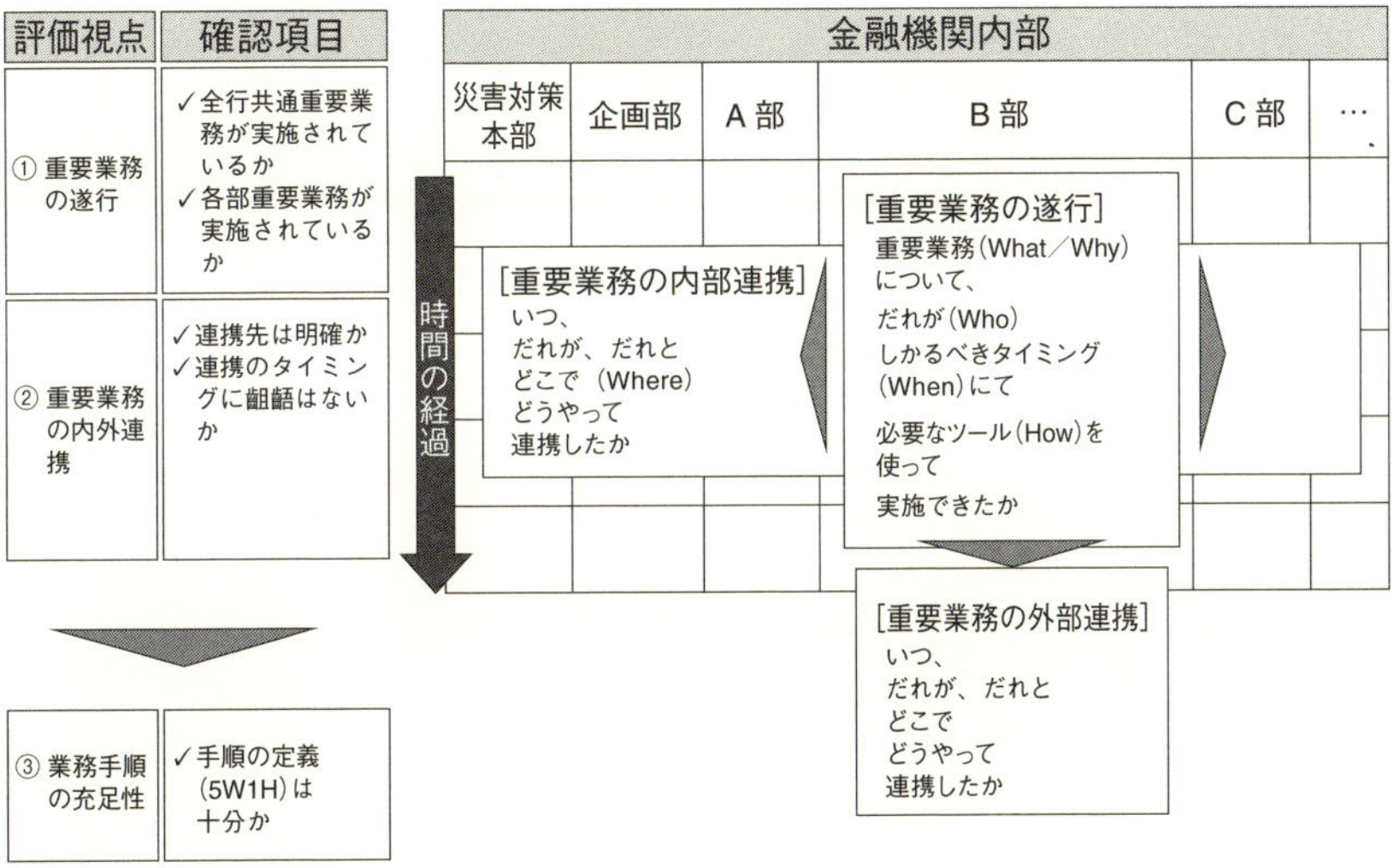

図98　レーダーチャートによる評価結果の可視化

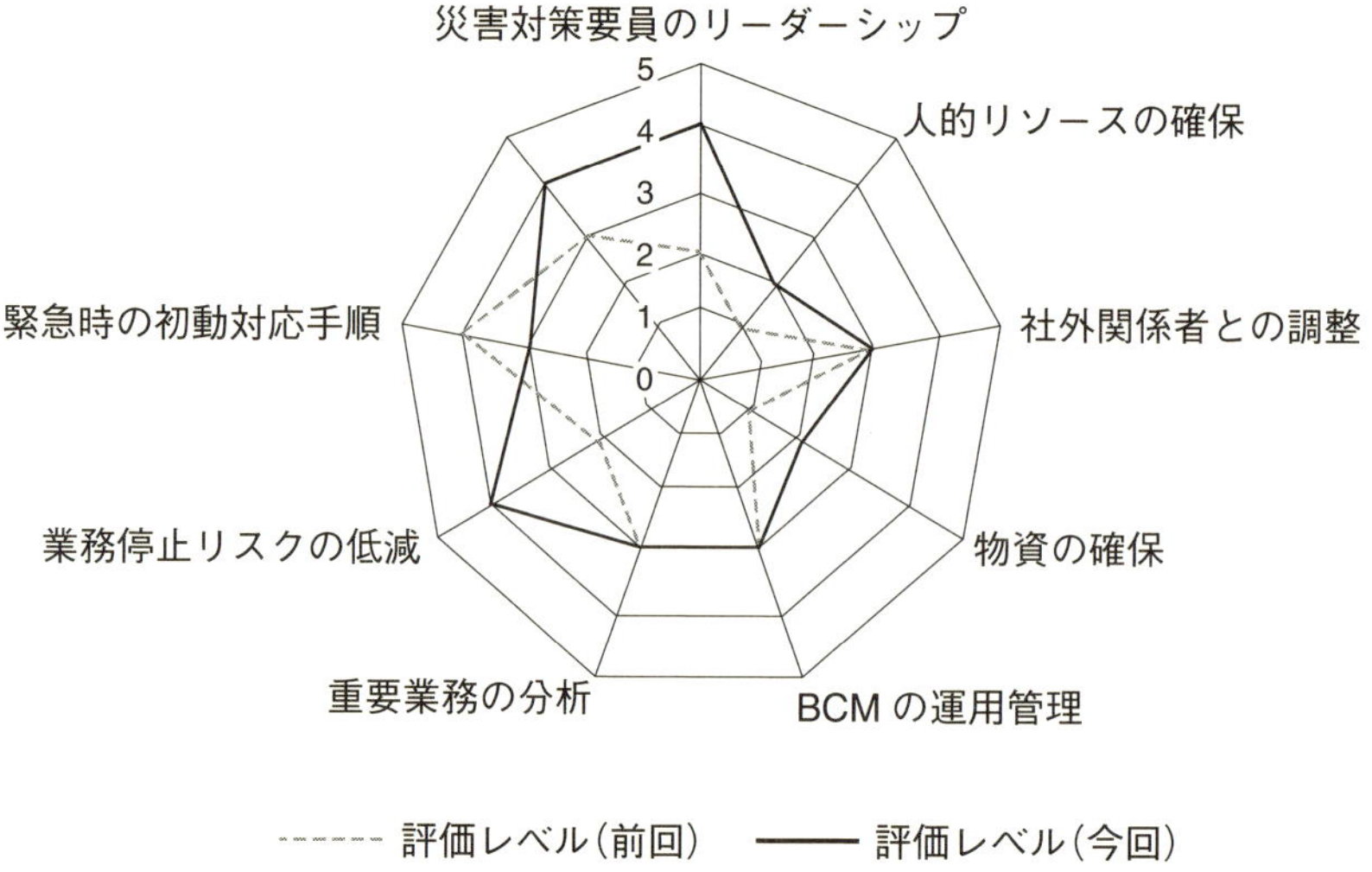

務がもれなく実施されているかどうかを確認するとともに、部門ごとに定義された重要業務の実施状況をチェックする。②重要業務の内外連携では、連携先がきちんと定義されているか、連携のタイミングに齟齬はないかをチェックする。最後に③業務手順の充足性においては、各重要業務の手順の充足性を確認するために5W1Hによる評価手法を導入している。

そのうえで、実際の訓練に際し、金融機関内部において時間の経過とともに実施される各重要業務およびこれに紐づく個別手順を、参加者が実際にどのようにこなしたかを訓練後に評価していく。

訓練後、各部門および参加者に個別に訓練結果をフィードバックすることとなるが、その際は先に定義した評価軸をふまえ、図98のようにレーダーチャート化したうえで報告書を用意する。また、訓練成果を確認するうえで、訓練ごとに共通的に定義可能な同一の評価視点を設定しておくと、各回の評価結果の変化が読み取りやすくなる。

4 訓練当日のフロー

ＢＣＰ訓練当日は、事前に参加者を集め、集合形式でガイダンスを実施することから始まる。平日の場合、金融機関では業後に職員に参集してもらうことになるが、初動を中心とした訓練の場合、当日のタイムラインはおよそ3時間と見積もっておけばよいだろう。訓練ガイダンスでは、オープンテストの場合、おおむね次のようなコンテンツでの参加者向け説明を実施する。

・訓練の目的
・タイムライン
・訓練シナリオ
・訓練対象範囲
・訓練フロー
・ワークシートの記入例
・評価ポイント

タイムラインとしては、図99のように、訓練全体の時間設定を示すべきだろう。なお、進行上、実際の時間経過と訓練上の時間が必ずしも一致しない場合が出てくる。たとえば、インシデントが発生してから24時間にわたる業務を想定し、それを実際は3時間でこなしてもらう、といったケースだ。このような場合、想定される作業と実際の時間軸とを並べて示し、参加者の理解を促す仕組みが必要となる（図１００）。また、そのようなケー

図99　訓練ガイダンスで使用する訓練当日のタイムライン

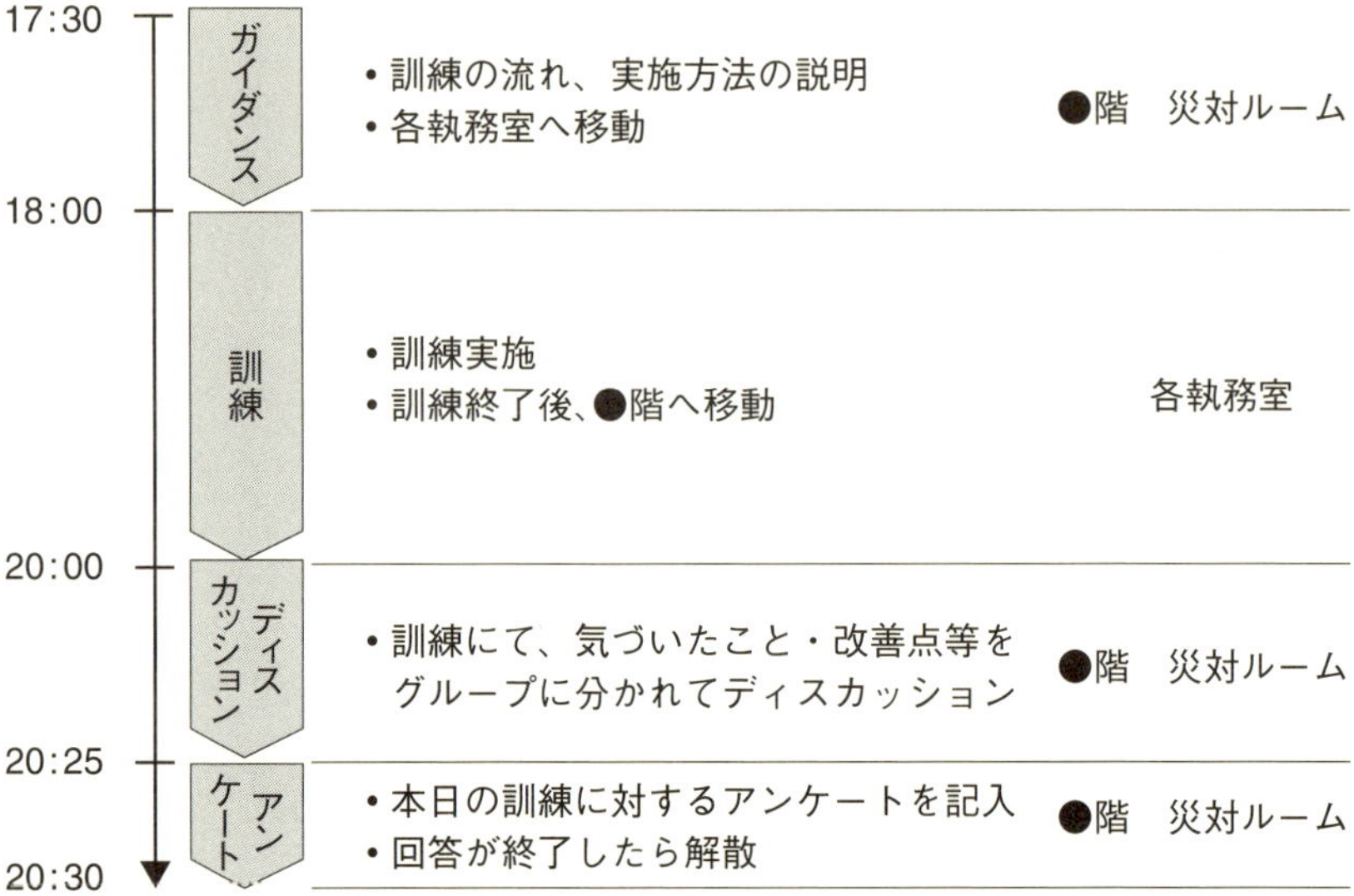

図100　実際の時間と訓練上の時間とのマッピング

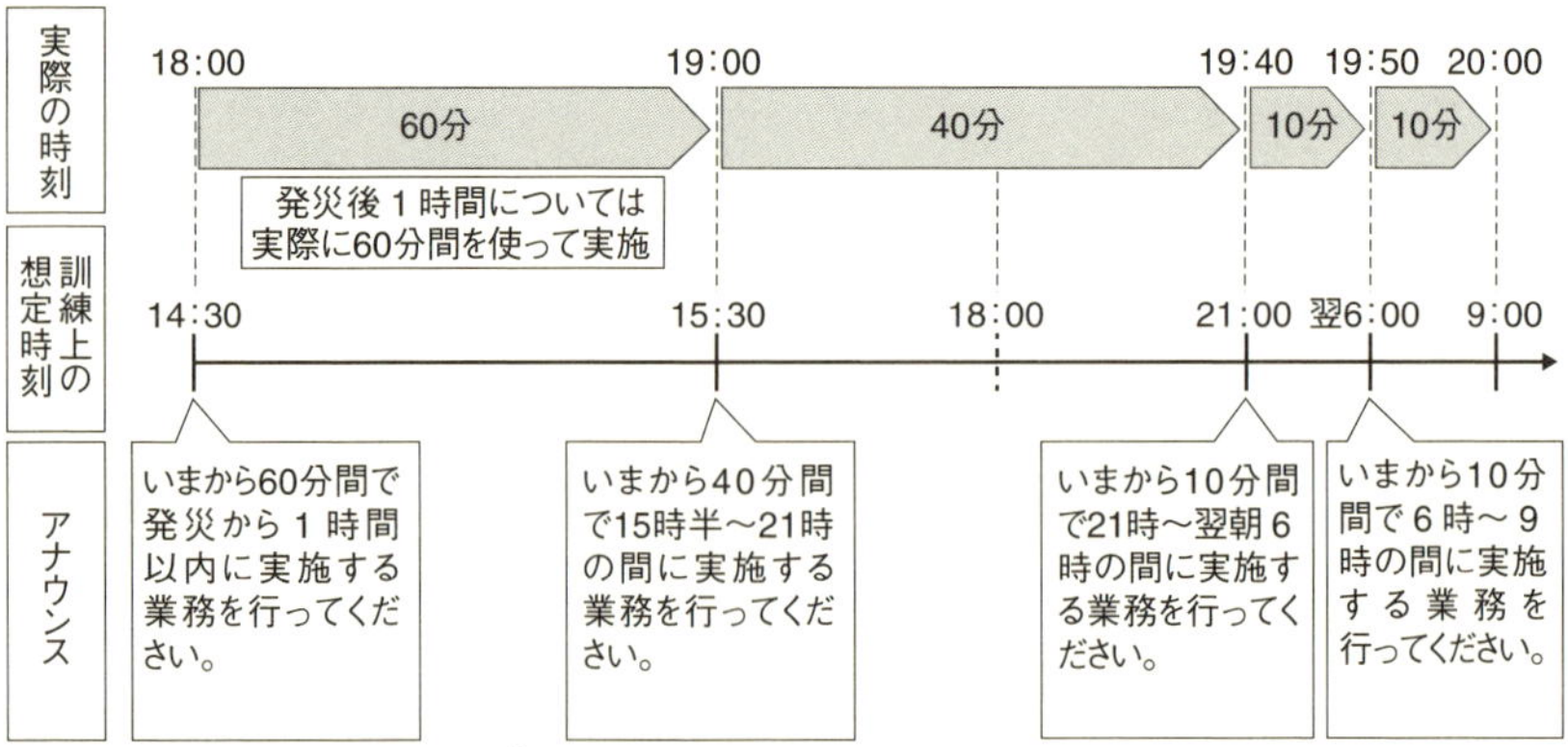

スでは、訓練に際しての行動着手の契機となる事務局からのアナウンス指示において「ただいま訓練上の想定時間は○月○日の午後2時です。これから1時間をかけて、訓練上の想定時間で午後2時から業後までの必要な作業を実施してください」といった説明を補足的に実施するとなおよい。

訓練シナリオは、前提条件とともに説明しておく。大規模震災の場合、地震がどこで、どの程度の規模で発生すると仮定するか、また、その際に外部リソースの被災状況は何を想定しているか、といった最低限必要な基礎情報を提供する。加えて、内部リソースについても、通信ツールの利用可否や来客者の状況など、訓練全体を通じた前提条件とともに個別に定義し、周知しておく。大規模震災の場合は、特に重要な初動対応は役職員の安否確認であり、営業時間中であれば本店・営業店における顧客誘導が優先される。訓練時間は限定されるため、場合によっては、あらかじめ決められた初動対応のうち、安全確保や役職員の安否確認、顧客誘導については実施したとみなす、とした前提条件を置くことも必要だろう。

訓練の対象範囲については、本店の役職員だけで訓練を実施するのか、営業店はどこまで参加するのか、といった参加者のカバーエリアを示し、対象範囲から外れた関係部門との連携手順については「今回の訓練では対応した、とみなしてよい」といった説明をすることになる。

また、オープンテストといっても、すべてのシナリオを開示しなくてもよい。たとえば、部分的にブラインドテストの要素を導入することで、参加者に刺激を提供することも時には必要だろう。事務局はメールや館内放送などにより訓練参加者に必要な情報を周知するが、その際に、事前の説明をせずに、参加者を惑わす情報をインプットしておけばよいのだ。大規模震災で訓練を実施しているはずが、途中で事務局から「ただいま富士山が噴火したとの報道がありました」といった情報を参加者に与えると、新たな業務への着手やリスクアセスメント作

図101　ワークシートの例

時間 （演習上の時刻）	着手時刻			
	完了時刻			
実施者				
連携先	●●本部	広報部門	秘書室	管理部門
	経理部門	業務部門	人事部門	システム部門
	財務部門	全行	その他（　　　）	
連携手段	優先電話	衛星固定／携帯電話	一般電話（固定・携帯・IP電話）	口頭（直接会って伝達）
	メール	●●掲示版	本館放送	その他（　　）
行動内容				

業がアドオンされるはずだ。参加者の緊張感を高めつつ、毎回参加するメンバーにも厭世的にとらえられないような仕掛けが求められるところだ。

訓練に際して参加者がそのつど記入することとなるワークシートについては、図101のような入力フォームが考えられる。この際、記入要領として記入例を用意しておくと参加者の理解を促しやすい。図101のワークシートは、参加者一人ひとりが実際にこなした作業を「着手時刻、完了時刻、連携先、連携手段、実施した作業」などに分解して記入してもらう。その際、参加者からの気づきや作業中に認知された問題点、改善ポイントなどについても自由形式で記入してもらうコメント欄を用意することが望ましい。訓練終了後、これらのワークシートを事務局は回収し、改善ポイントなどを集約することが可能となる。また、ワークシートを同一作業でお互いが関係先となる複数の部門や担当者間で照らし合わせると、双方での認識ギャップなども抽出しやすい。
ワークシートは事務局が評価書を作成するための重要な

図102　事務局からのメール送信の文面イメージ

○事務局からのメール送信予定時刻 16：30 ○宛先 訓練参加者全員 ○件名 （要注意！）【BCP 訓練用メール】事務局より ○本文 ●●市を震源とする地震が発生しました。当行本店周辺では震度6強の揺れが観測されました。気象庁は沿岸で津波の注意を呼び掛けています。 安否確認メールが自動送信されました。 ※安否確認結果を総務管財部門と人事研修部門の両方へメールで連絡してください。

インプットとなるため、記入要領についてはガイダンスの場で詳細に説明しておく必要がある。

ガイダンス終了後、散会したうえで、参加者は各自の職場にいったん戻り、事務局からの訓練開始のアナウンスを待つことになる。

図102は、行動の契機となる事務局からのアナウンス例を示したものだ。ここでは事務局はあらかじめ決めた参加者ごとにメールにて必要情報を一斉配信したり、特定部門や特定個人のみに限定的に必要情報をメールでインプットしたりする、といった形式を想定している。実際は、事務局は分単位でメール送信先を定義し、あらかじめメールの文面を一通一通作成したうえで、そのつど必要な部門や個人に配信していくことになる。訓練の終了を伝達する際も、メールにて対応することが可能だ。館内放送を利用しにくい環境の場合、こうした事務局機能の発揮手法も有効となる。

5 BCP訓練の有意事例

ここでは、金融機関におけるBCP訓練の事例を紹介する。

日本政策投資銀行では、2013年以降、策定した全行BCPの行員への浸透を促すことと手順の更新可否を判断することを目的にBCP訓練を年間4回程度のペースで実施している。同行では支店のほか、社長を含めた役員もBCP訓練に参加するなど、全行をあげた取組みを志向している。同行経営企画部の次長（当時）牧裕文氏は、BCP訓練の成果として、「現行BCPの新たな課題発見が可能となることから、それらへの対応を新たに講じることで、より適切な初動対応の定着化や習熟度の向上、BCPのブラッシュアップに基づくいっそうの応用力強化が図られていること」をあげている。

2015年度において同行では計4回のBCP訓練を実施している。4回ともそれぞれ訓練種類と発生インシデントを変更しつつ、訓練内容によっては支店も参加しているのが特長だ。また、同行ではいち早くサイバー攻撃を想定したBCP訓練を実施しているほか、2020年の東京オリンピック・パラリンピックに向け、テロに備えた演習も実施している。さらに、複数のインシデントを1回の訓練のなかで発生させたり、「まさかそんなことは起こらないだろう?」といったイメージを想起させる特異なインシデント想定も導入したりしている。同行では、特定のリスク発生を目して策定した有事対応手順を、その他のリスク発生時にも準用・援用することを念頭に、職員の危機対応力強化に余念がない。

① 第1回訓練：大規模震災への対応

「大規模震災を想定したオープンテスト（内部関係者のみ）」（平日営業時間中の被災を想定）

② 第2回訓練：サイバー攻撃への対応

「サイバー攻撃を想定したブラインドテスト（内部関係者のみ）」（平日営業時間中の発生を想定）

③ 第3回訓練：基幹系システム停止時の対応および追い付き処理

「大規模震災を想定した勘定系システム切替テスト（内部関係者のみ）」（バックアップシステム切替えによる追い付き処理の実施）（平日営業時間中の被災を想定）

④ 第4回訓練：サイバー攻撃の予告検知時および爆破テロへの対応

「フルブラインドテスト」（平日の営業時間中の発生を想定）

第1回の訓練はオープンテストであり、平日の営業時間中に大規模震災が発生する、とのインシデントを想定している。同行では、「平日業務締め間近の営業時間中」「東京湾北部」にて「震度7の地震が発生」したとの設定のもと、優先・衛星電話以外の通信ツールが利用できない状況下で訓練を実施している。この際、発生インシデントとともに図103のような被災想定を参加者に配布している。一方、想定外の事象が発生した場合、既存手順を援用しつつ迅速な対応が可能となるか、を確認することを目的に、一部ブラインドテストを取り入れている。第1回訓練では事前に参加者に開示することなく、訓練中に事務局から以下の情報をアナウンスし、以後の参加者の対応を検証している。

✓意思決定者である役員が不在

✓全銀ネットが全面的にダウン

✓同行の社宅が一部倒壊

図103　第１回訓練の被災想定

対象			発災直後の状況
内部	ヒト	役職員	行内に在館していた役職員は全員無事
		来客	●階と●階の応接室に、各部につき２から３名程度の来客が滞在
	モノ	建物	継続使用可能
		備品	一部損壊も業務継続に影響なし
	リソース	一般電話（固定／携帯）	回線の輻輳により利用不可
		FAX	回線の輻輳により利用不可
		優先発信・衛星電話	利用可能
		ネットワーク（IP電話・メール・インターネット）	利用不可 ＊メールは、事務局からのメールの受信、および館内放送の実施につき、利用可能
		館内放送	利用可能 ＊訓練ではメールの一斉送信にて代替
		基幹システム	正常稼働
外部	インフラ	電力	通電（自家発電装置が作動）
		交通機関	運行停止
		建物・道路	周辺建物が倒壊または倒壊の危険性有 道路には瓦礫が散乱
		外部システム（日銀・全銀サイト）	正常稼働

図104　災害対策本部の模様

第2回の訓練では発生インシデントを変更し、「サイバー攻撃を想定したブラインドテスト（内部関係者のみ）」（平日営業時間中の発生を想定）として実施している。

2015年2月に金融庁が公表した監督指針では新たに金融機関のセキュリティ対策の強化が義務づけられている。そこで、サイバー攻撃が高度化・巧妙化していることをふまえ、サイバーセキュリティの重要性を認識し必要な態勢を整備しているかを確認することを目的に、実施されたものである。なお、この訓練においても、想定外のインシデントが発生した場合に現行BCPマニュアルをどの程度準用できるか、についてもあわせて確認している（図105）。

実際の被災シナリオだが、サイバー攻撃によりメールサーバが停止する、といった行動契機を用意している。また、複合型災害への対応力の評価を行うことを目的に、サイバー攻撃を受

図105　第２回訓練の目的

サイバーセキュリティ対応	・サイバー攻撃への初動対応を確認する。
BCPの準用	・想定外のインシデントが発生した場合の対応を確認する。 ↓ ・現行BCPをもとに円滑に業務を実施できるか検証する。

図106　第２回訓練のシナリオ

発災日時	木曜日　９時30分 （翌日金曜日は営業日）
発生事象	①　サイバー攻撃によるウィルス感染 ②　富士山の大規模噴火 （東京都23区内で震度４を観測）
２次災害	・メールサーバのダウン ・東西交通網の分断、首都圏公共交通機関の運休 ・●●銀行でシステム停止が発生 ・首都圏で大規模停電

けている最中に富士山が大規模に噴火した、といった別のシナリオを挿入している（図１０６）。この際、降灰の影響により首都圏が影響を受けつつある、東西の交通網の分断、といった情報をインプットし、富士山噴火による基幹系システムへの影響評価や翌日の業務継続手法の検討、バックアップシステムへの切替判断といった手順へとスムーズに進めるかを評価している。

第３回の訓練では、「大規模震災を想定した勘定系システム切替テスト（内部関係者のみ）」としたうえで、勘定系システムが本番環境からバックアップシステムへと切り替わるなか、一時的に基幹システムの利用が不可能となるケースを想定している（図１０７）。その際、資金決済などの一部を手作業で履行する必要があるが、バックアップシステム起動後にはあらためて情報システムへの入力処理（追い付き処理）が必要となる。同行では当該訓練を「本番システムがなんらかの理由で停止した」時点で開始することとし、業務部門による手作業で

図107　第3回訓練の想定実施フロー

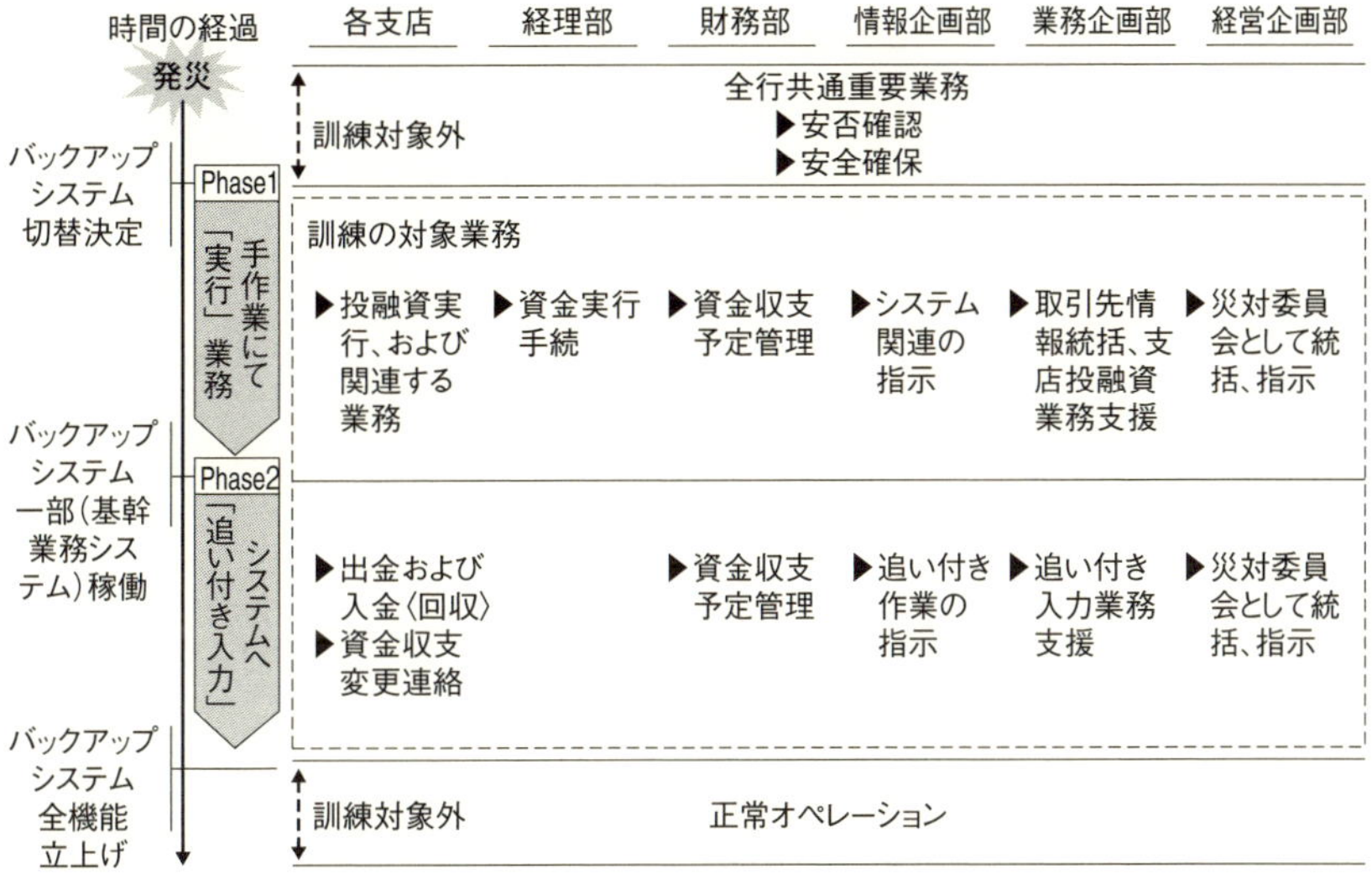

の資金決済およびバックアップシステム起動後の追い付き処理を実際に参加者に実践させているのが特長だ。また、本店各部門に加え、複数の支店にも参加してもらうことで、より大規模なシステム障害の発生を念頭に置いた重要業務の遂行力を評価している。なお、当該訓練では各支店と本店とをテレビ会議システムでつなぎ、より多くの実務担当者を参加させている。実際の訓練はフェーズを2つに分けて対応している。基幹系システムが停止した後、バックアップシステムへの切替えが決定してからの「フェーズ1」、バックアップシステムの一部が稼働してからの「フェーズ2」だ。フェーズ1では手作業にて実行処理を実施し、フェーズ2で手作業分の追い付き入力を担当者にこなしてもらうといった流れだ。この際、システム部門が基幹系システムを模したダミーの画面や入力環境を実機環境として用意し、本番さながらに端末に一つひとつ案件を入力させるといった体験をさせている。これにより参加者は追い付き処理1件の入力にどの程度の時間を要するのか、といった実践的

図108　第4回訓練の想定インシデント

発災日時	●月●日（月）8時
発生事象	①　新宿駅で爆破テロ ②　JR●●駅などに爆破テロ予告 ③　当行のシステムセンターへのサイバーテロ予告
2次災害	・首都圏公共交通機関の運休 ・マーケットの混乱

な経験を積むことを可能としている。

第4回の訓練では、サイバー攻撃の予告検知時および爆破テロへの対応力を評価するため、「フルブラインドテスト」を実施している（図108）。

参加者には「平日の営業時間中」に「なんらかのインシデントが発生予定」とのみ事前に通知し、時間の経過とともに事務局から通知される情報をもとに非常時における重要業務をこなしている。当該訓練では事前にシナリオをいっさい開示しないフルブラインドテスト形式を導入することで、より実際のインシデント発生状況下に近づけ、現行BCPに基づく初動対応手順を検証することを目的としている。また、発生インシデントを複数用意している。

6　サイバーセキュリティ演習における実施モデル

サイバーセキュリティに向けての活動としては、情報システムの防御策実装、規程類整備、といった活動だけでは要件を充足しない。すなわち、「武装」の程度や「護り」としての対応態勢がどこまで有事に際して有効に機能するかの検証作業が欠かせない。そこで、あらかじめ想定されるインシデントを念頭に、当該インシデント発生を目した行動を実際に履行してみることが必要となる。これがいわゆるサイバーセキュリティ演習である。サイバーセキュリティ演習の主たる目的は、有事における自組織の対応力の現状レベル確認と課題の特定にある。また、ＢＣＰで定義されるように職員への教育および意識啓発の場としても位置づけられる。なお、すでに述べてきたとおり、サイバーセキュリティ演習もＢＣＰ訓練の一部であり、既存のＢＣＰやＩＴ‐ＢＣＰをベースに実施されることはいうまでもない。

なお、サイバーセキュリティを目的とした演習としては、実際にシステムなどの物理的環境（実機）を利用した演習形態と、事後的な対応手順の履行を目的とした情報連携型演習の2つが存在する。

物理的対応型演習では、実際にシステム環境を用意し、参加者はシステムへの不正ログインなどを試みる攻撃者と、攻撃を察知し防御策を実行する防御者に分かれる。なお、事務局側が攻撃者の役割も担い、参加者は防御者としての役割を中心にこなしていくのが一般的だ。ただし、演習用として実際に運用中のシステムを利用することは困難であり、かつ、実運用中のシステムの開発環境などを利用するにしても、システムへの侵入を実際に試みることから一定のリスクが存在する。そのため、クラウド環境などの演習環境構築のための事務局側の投資負担が生じる。また、同時に複数の業界や業種が参加するうえでは、演習の便宜上、参加者は同一のシステム環境を利用せざるをえないため、システム管理者などにおける形式的な有事対応能力向上には資するものの、当然ではあるが日頃利用しているシステム環境とは異なる点に留意が必要である。

他方、情報連携型演習では、複数の内部組織が参画し、インシデント発生後の事後的な対応手順を実践的にこなすことを目的に実施される。必ずしも実機を用いないことから、システム環境の構築やクラウド型環境の利用といった投資や費用が伴わないため、事前準備行動といった制約から解放される。したがって、比較的導入しやすいタイプの演習となる。

以上から、物理的対応型演習は、「敵の攻撃パターンを知る」ことを目的とした実施が有効であり、情報連携型演習は「攻撃を受けた後の内外連携の手順」の検証を目的とした実施が有効といえる。サイバーセキュリティ演習を計画している金融機関では、参加者の所属組織（属性）や検証項目と投資額とを推し量りつつ、ふさわしい演習形態を検討すればよいだろう。

ここで、実際にわが国における代表的な演習モデルとして、総務省によるサイバー防御演習と内閣サイバーセキュリティセンターによるサイバーセキュリティ演習を取り上げる。

(1) 物理的対応型演習としてのCYDER

総務省では、官公庁・大企業等のＬＡＮ管理者のサイバー攻撃への対応能力向上のため、２０１３年度以降の５カ年計画でＣＹＤＥＲ（CYber Defense Exercise with Recurrence：実践的なサイバー防御演習）が毎年実施されている。実際にクラウド環境を構築しているのが特長で、サイバー攻撃の最新動向をもとに毎年実践的な防御モデルの改良を積み重ねることで、参加者側の実践的対処能力の強化を図っている。「職員が数千人規模の組織内ネットワーク」を模した大規模なシステム環境を実際に演習用に整備しており、あわせてシステム環境には運用スタッフを配置している。実際の演習は攻撃サイドと防御サイドに分かれて実施され、事務局は攻撃者としての役割と演習全体の支援機能を担っている。攻撃者である事務局は実際に演習用に用意されたシステム環境へ不正ログインをはじめとしたサイバー攻撃を仕掛ける。これを受け参加者は、「攻撃の察知」「ログ解析」といった手順を、システム環境の運用支援スタッフとの連携により実践していく、といった形態である。演習に際しての前提案件や課題などの詳細は原則として非公表としている。これは、今後も同演習は定期的に参加者をかえて実施される予定であり、事前に「予習」をさせないための措置でもある。

２０１５年12月の演習では、石川県、能美市、北國銀行などの10チームのＬＡＮ管理者や運用担当者が参加している。演習は2日間にわたっており、プログラムとしては、初日に2時間の事前講義と6時間弱の実践演習をこなし、2日目には2時間でグループワークによる振返りの場が用意されている。実際の演習は事務局からの電子メールもしくはＦＡＸでのアナウンスに応えるかたちで、内部組織や上司との連携手順をはじめとした内部情報共有、ＩＴベンダーや通信キャリアとの連携によるネットワークの遮断や感染端末の隔離といった物理的対処、並行して当局をはじめとした外部機関との情報連携手順を体験していく、といった流れになる。特長は情報システム部門の参加者を想定している点であり、ＩＴ部門担当者におけるサイバー攻撃に備えた技術的スキル向上を目指すうえではきわめて有効な演習となっている。

(2) 情報連携型演習としてのNISCサイバーセキュリティ演習

内閣サイバーセキュリティセンター（ＮＩＳＣ）では、２０１５年12月7日、ＴＫＰガーデンシティ永田町を会場に、重要インフラ企業が一堂に会したＩＴ障害対応のためのサイバーセキュリティ演習を実施した。10回目となる今回は、過去最多の企業・団体の参加のもと、2日間にわたって分野横断型演習がなされ、情報通信、金融、航空、鉄道、電力、ガス、政府・行政サービス、医療、水道、物流、化学、クレジット、石油の各業界のほか、政府機関からは金融庁、総務省、厚生労働省、経済産業省、国土交通省などが参加している。ＮＩＳＣでは、今回の演習目的を以下の課題検証に置いている。

○ＩＴ障害等における情報共有
・サービス利用者向けの情報発信
・所管省庁およびＮＩＳＣとの情報共有
・他事業者や関係機関等との情報共有
○ＩＴ障害等の対応における判断や意思決定
・指揮命令系統上の権限委譲や代行順位に基づく対応
・事業継続計画（ＩＴ‐ＢＣＰ等含む）の実施条件に基づく対応
・事業継続計画（ＩＴ‐ＢＣＰ等含む）等による緊急連絡ルールに基づく対応

演習形態としては、会場を大きく2か所（東京会場、大阪会場）に分け、さらに職場環境からの遠隔地参加が可能となっている。これにより、都市圏以外の参加者を募るほか、実際の職場環境からの参加による実践的な演習環境が実現されている。

実際の演習は、事務局から一定の情報が参加者につど伝達され、この情報に基づき参加者は自組織内部との連携および関係者との対外連携について、初動対応を中心にこなしていく、といった進め方となる。参加者は、自組織のＢＣＰ、ＩＴ‐ＢＣＰに定義されている既存手順を履行しつつ、当該手順実施時の対外連携先との情報伝達ルートや連携ツールのあり方についても検証することで、有事に際しての関係者間での意思疎通の迅速性を確保するうえでも実践的な場となっている。この演習形態としてはアメリカの金融業態を中心に導入されているストリートワイド訓練に近似したものであり、複数の参加者間での初動対応手順を検証するうえでは有効なスキームといえる。

演習当日は、平時におけるシステム運用が一定の障害により影響を受けた、といった前提で、規程に基づく手順が履行される。具体的には、事務局から「メールサーバが攻撃を受けている」「顧客のメールアドレスが外部に流出している」といったかたちで標的型攻撃やＤＤｏＳ攻撃などのサイバー攻撃によりＩＴ障害が発生した、との情報が参加者に伝えられ、これを契機に参加者における個別対処や関係者間での役割分担が進んでいく形態だ。事務局からの状況報告は逐次実施され、新たにインプットされた情報をふまえ、判断や意思決定もより実践的に迅速にこなすことが要求されてくる。またこれに続き、自組織での事業継続に必要な影響度評価や必要な作業を検討する、といった2つのプロセスからなっている。ただし、ＮＩＳＣのサイバーセキュリティ演習は演習当日の行動に重きを置いているばかりでなく、演習後のＰＤＣＡサイクルを重視している。演習参加企業には、演習後に個社のＩＴ－ＢＣＰ等の関係規程類の確認、整備、見直しを要請しており、その際、指揮命令系統の明確化や権限移譲、判断者の代行順位の設定のほか、事後の広報活動や顧客を含めたエンドユーザへの情報発信態勢の確立など、ＩＴ－ＢＣＰの定義内容に沿った確認が必要とされる。

7　金融機関におけるサイバーセキュリティ演習のあり方

以上みてきたとおり、サイバーセキュリティ演習の実施形態は目的によって異なる。たとえば、ＩＴ部門における技術的スキル、すなわち敵からの攻撃への対処手法を学ぶ場として位置づけるのであれば、物理的対応型演習が適切となる。また、ＩＴ部門のほか、内部管理部門を含めた経営トップも参加する全行横断型の連携手順の

図109　金融機関におけるサイバー攻撃への対応シーン

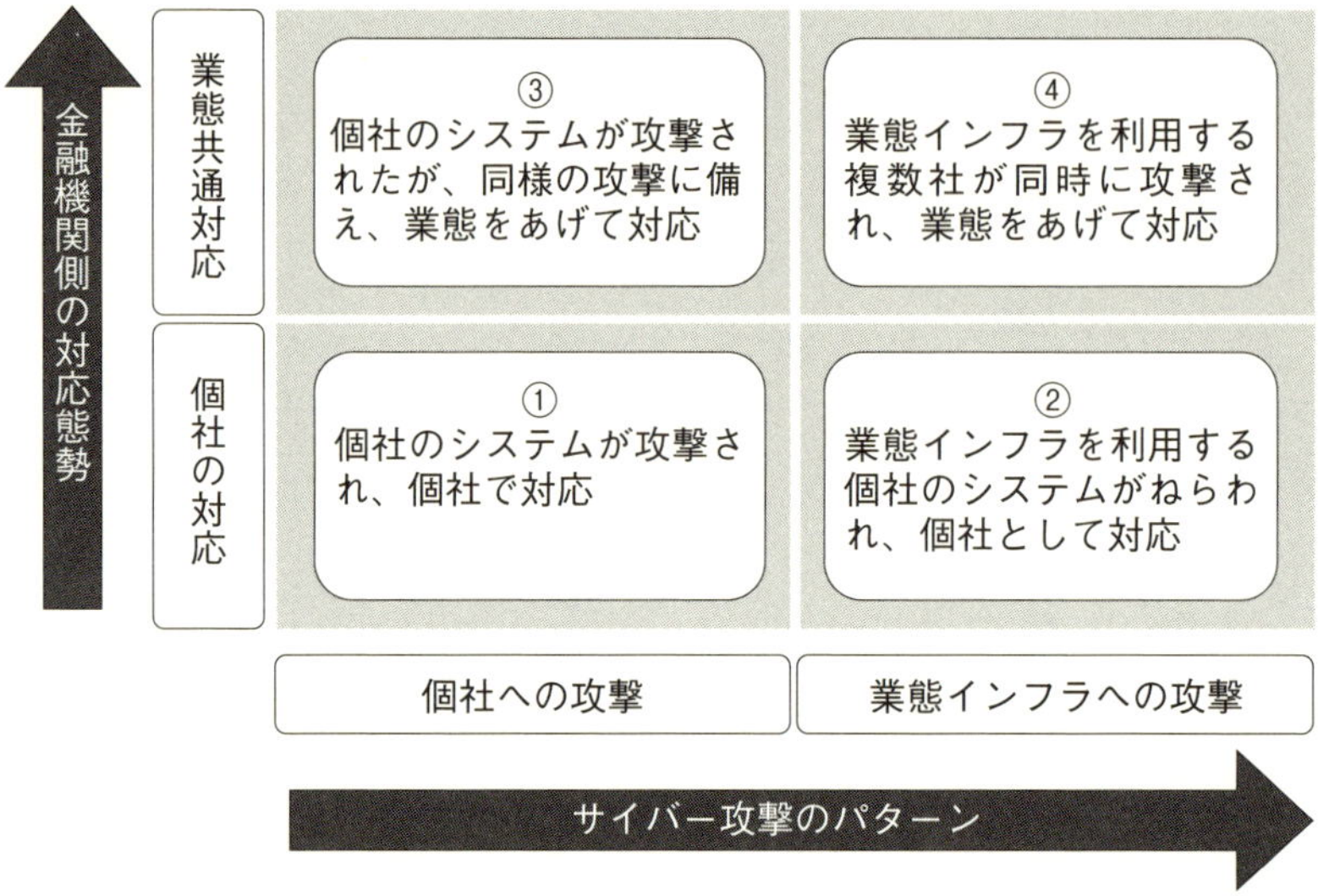
金融機関側の対応態勢
業態共通対応
個社の対応
③
個社のシステムが攻撃されたが、同様の攻撃に備え、業態をあげて対応
④
業態インフラを利用する複数社が同時に攻撃され、業態をあげて対応
①
個社のシステムが攻撃され、個社で対応
②
業態インフラを利用する個社のシステムがねらわれ、個社として対応
個社への攻撃
業態インフラへの攻撃
サイバー攻撃のパターン

確認といったものを確認するためには情報連携型演習が有効となる。

これをふまえ、今後想定される金融業界横断的なサイバーセキュリティ演習の形態を考察してみたい。なお、ここでは比較的短時間かつ容易に演習実施に至りやすい情報連携型のサイバーセキュリティ演習を想定し、そのあり方を考察したい。

金融業界横断的に演習を実施するうえでは、サイバー攻撃のパターンと金融機関側の対応態勢を整理することが必要である。図109はこれを模式化したものだが、大きく4つの象限でのシーン設定が可能だ。

①は、個社のシステムが攻撃され、これを個社として対応する、といったシーンだ。独自のシステムやメールサーバなどがねらわれ、個社としての対応を施すしかない、といった場合を想定している。

②では、地銀や信金といった業態別のITインフラ（たとえばインターネットバンキングなど）を利用する特定金融機関が攻撃にさらされたものの、個社で対応を施さ

ねばならないといったシーンが想定される。

③では、個社のシステムが攻撃されたものの、業態共通の脆弱性などが確認されたため、個社にとどまらず業態をあげて対応しなければならない、といったシーンが想定される。

④では、地銀や信金といった業態別のＩＴインフラが同時に攻撃され、業態をあげて対応しなければならない、といったシーンがあげられよう。

ところが、これらの４つのシーンでの定義を有効とするためには、サイバー攻撃を受けた初期の段階で、金融機関がその内部被害状況の確認と並行し、自らが属する業態への影響度を評価する仕掛けが用意されていなければならない。いわゆるリスクアセスメントであるが、この定義作業は個社が単独で実施しても効果は限定的であり、業態共通の影響度捕捉手法や評価尺度、連携手順を導入してはじめて有効に機能するものだ。

そこで、これらのシーンを念頭に、複数社が参加することを前提とした金融機関におけるサイバーセキュリティ演習の形態について、集合型とリモート型の２つの形態で考察する。

(1) 集合型サイバーセキュリティ演習

集合型の演習は、参加者があらかじめ決められた会場に集まり、その場で事務局から演習プログラムのガイダンスなどを受けた後、演習に参加するタイプのものとなる。演習が開始されると、演習の進捗に必要な情報は適宜事務局からその場で口頭もしくはメール、掲示といった手法により参加者に伝達される。たとえば、事務局から「貴行のメールサーバがウィルスに感染しています」「貴行の顧客から当局に対し、貴行のインターネットバンキングを利用したらパソコンで表示される取引情報と実際の資金移動結果が異なっているとの報告があがっています」といった内容の情報が伝達されることになる。参加者は、このように、そのつど事務局から伝達される新たな情報などを契機に作業プロセスを進捗させることになる。その際、事務局では参加者が有事対応をとる際に必要となる重要な外部連携先としての機能を担い、「このテーブルは日本銀行の支店機能を担う担当者」といったように、時々刻々と実行される金融機関型の情報エスカレーション機能の一部を直接に肩代わりすることになる。なお、事務局が肩代わりする外部連携先としての機能は、その場で口頭での伝達により対応する手法もあれば、あえて連携先別に電話回線を用意し、事前に参加者にガイダンスなどを通じて通知したうえで電話やFAXなどにより対応する、といった手法もとられる。

集合型演習の場合、参加者が一堂に会するため、事後のディスカッションなどを場として設定しやすいといったメリットもある。ただし、会場の物理的収容量などの制約もあり、参加金融機関は有事対応手順を履行するために必要な内部のあらゆる組織の担当者や意思決定を担うであろう役員を含めた上位者を参加することができない。

加えて、現状では金融機関は金融庁の指導などもあり業界団体やCSIRTなどとの連携によるサイバー攻撃に関する情報共有態勢を確立しつつあるものの、業態共通のサイバーセキュリティ対策は実務レベルでの導入にまでは至っていない。理想的には、「地銀が共通で利用可能なBCP、IT-BCPが定義されており、個社のシステム環境にあわせた若干の修正を加えたら利用可能」、といった業態共通の規程類などの整備が望まれるところだ。仮に業態共通のBCPやIT-BCPが定義された場合、参加者が一堂に会してサイバー攻撃を受けた場合の有事対応手順を相互に確認する、といった趣旨でのウォークスルー型のサイバーセキュリティ演習にとどまらず、同じ条件のインプットを事務局から発信し、それを契機に参加金融機関があらかじめ決められた有事対応手順の処理の迅速性や内外連携手順の抜けもれの有無を競う、といった目的での演習が有効となろう。つまりこれが、集合型演習が有意となるケースである。参加者が同じ有事対応手順を有すると仮定すれば、個社の見出した有意な取組みが発現された場合、そのプラクティスを業態内で水平展開することも容易になる。ただし、集合形式での演習の場合、情報連携手順の確認先が演習参加者の範囲内に限定されるケースがほとんどであり、金融機関全体としてあらゆる内部組織との連携手順を確認する、といった運営形態の採用は困難だ。これは、集合形式では金融機関外の特定の会場で限定的な参加者（たとえばＩＴ部門担当者のみの参加、など）のもと演習に参加しなければならないといった制約条件が付されるため、平時に担当者が利用可能なツールや通信手段などが会場に用意されていないためだ。また、業態共通型の有意対応手順などがないなかでの集合型演習では、いかなるレベルでの検証にせよ前出の「ドキュメントウォークスルー」の域を出ることはないだろう。

すなわち、複数社が集合形式で参加するタイプの演習では、参加者がだれでも同じ作業を履行できる難易度の低いもしくは共通的なリスクシナリオの設定が求められ、かつ、参加者が共通的に利用可能なツールや規程類が業態として整備されていない限り、その有用性は限定的だ、ということがわかる。

(2) リモート型サイバーセキュリティ演習

他方、複数の金融機関が同時に参加するリモート型のサイバーセキュリティ演習についても考察する。

リモート型とは、集合形式とは異なり参加者が自社で遠隔地から演習に参加する形態となる。参加者は、あらかじめ事務局から通告を受けた演習開始時間まで自社内で待機し、事務局からの電子メールやＦＡＸの受信を契機に演習が開始される。事務局から発信される情報の多くは集合型演習と同様、「貴行のメールサーバがウィルスに感染しています」「貴行の顧客から当局に対し、貴行のインターネットバンキングを利用したらパソコンで表示される取引情報と実際の資金移動結果が異なっているとの報告があがっています」といった内容だ。これを合図に、参加者の内部連携が開始されることになる。ＩＴ部門やＩＴベンダーとの連携による事実確認作業が進み、ウィルス感染や攻撃が明らかとなった場合には事後的対応手順が実行されることだろう。具体的には、上位者への情報エスカレーション、関係部署への注意喚起、営業店や法人部門を通じた顧客への周知、障害発生個所のネットワークなどからの切離し判断、といったものがあげられる。このように、リモート型演習では、普段勤務している執務室での演習参加が可能となるため、ＢＣＰやＩＴ－ＢＣＰで定義した自組織の有事対応手順について、あらかじめ決められたルートや通信ツールを用いた実践的な情報連携が可能となる。加えて、演習を通じた自組織の既存の関係規程類や連携すべき相手先といった個別具体的な検証作業も容易だ。

ただし、リモート型演習で複数社が参加する場合、事務局機能が複雑化することは避けられない。すなわち、サイバー攻撃に対応するための外部機関のうち、ＩＴベンダー以外の外部連携先の多くを事務局が機能として担う必要があるためだ。たとえば、金融庁（財務局を含む）、日本銀行（支店を含む）、各業界団体といった金融業態特有の連携先のほか、警察やＣＳＩＲＴ協議会としての機能も持ち合わせる必要がある。演習に際しては、あらかじめ事務局側として担うこういった外部機関を羅列したうえで、それぞれの連絡先（固定電話番号、携帯電話番号、ＦＡＸ番号など）を参加者に通知し、演習時には自組織で定義した有事対応手順にのっとって実際にこれらの外部機関先に連絡や報告を実行してもらうほか、事務局からも演習の進行に応じて各外部機関として発信すべき情報などを参加者に通知する、といった作業が必要となる。そのため、事務局からの参加者への情報伝達については電話ではなく同報ＦＡＸや同報メールを送信する、といった形式が採用されることが多い。

また、複数の金融機関が遠隔地から演習に参加するため、事前のガイダンスといった作業も必須だ。こうしたケースでは、事前に各地域で参加者を集めたガイダンスを出張形式で実施し、その場でQ＆A対応も実施する、といった形式をとる。

なお、リモート型演習であっても、業態をまたいでしまうとシナリオの難易度を落としたうえで金融業界共通の因子を中心とした演習にとどまることとなる。これは、同じ銀行であっても、ITシステムが個社レベルで設計・開発・運用されているか、あるいは共同利用型のシステムか、の濃淡が存在するためだ。したがって、集合型演習と同様、複数社の参加を前提とする場合であっても、あえて業態別に演習を実施することが望ましい。

(3) 参加金融機関へのフィードバック

集合型にせよリモート型にせよ、演習に参加した金融機関には二通りのフィードバックを実施することになろう。個社へのフィードバックおよび業態別フィードバックである。個社へのフィードバックを実現するうえでは、演習に参加した金融機関ごとに、事務局からのアナウンスに基づいて実施した作業を、対応した担当者・組織ごとにあらかじめ配布したワークシートに入力してもらうことにより、これらをインプットとして活用する。実際に利用可能なワークシートのイメージについてはすでに説明したとおりであり、適宜参照願いたい。

また事務局では、あわせて参加金融機関と事務局が肩代わりした外部機関とのタイムラインを作成する。具体的には、金融機関から受け付けた情報の中身を、その受信時間、受信方法（電子メール、電話といった手段）、通知内容、通知種別（第1報か第2報かといった種別）とあわせて管理しなければならない。個社へのフィードバックに際しては、演習後に個社から受領した担当者・組織別に作成されたワークシートと事務局作成のタイムライ

図110　サイバー攻撃に対する初期対応における情報連携仮説の設定イメージ

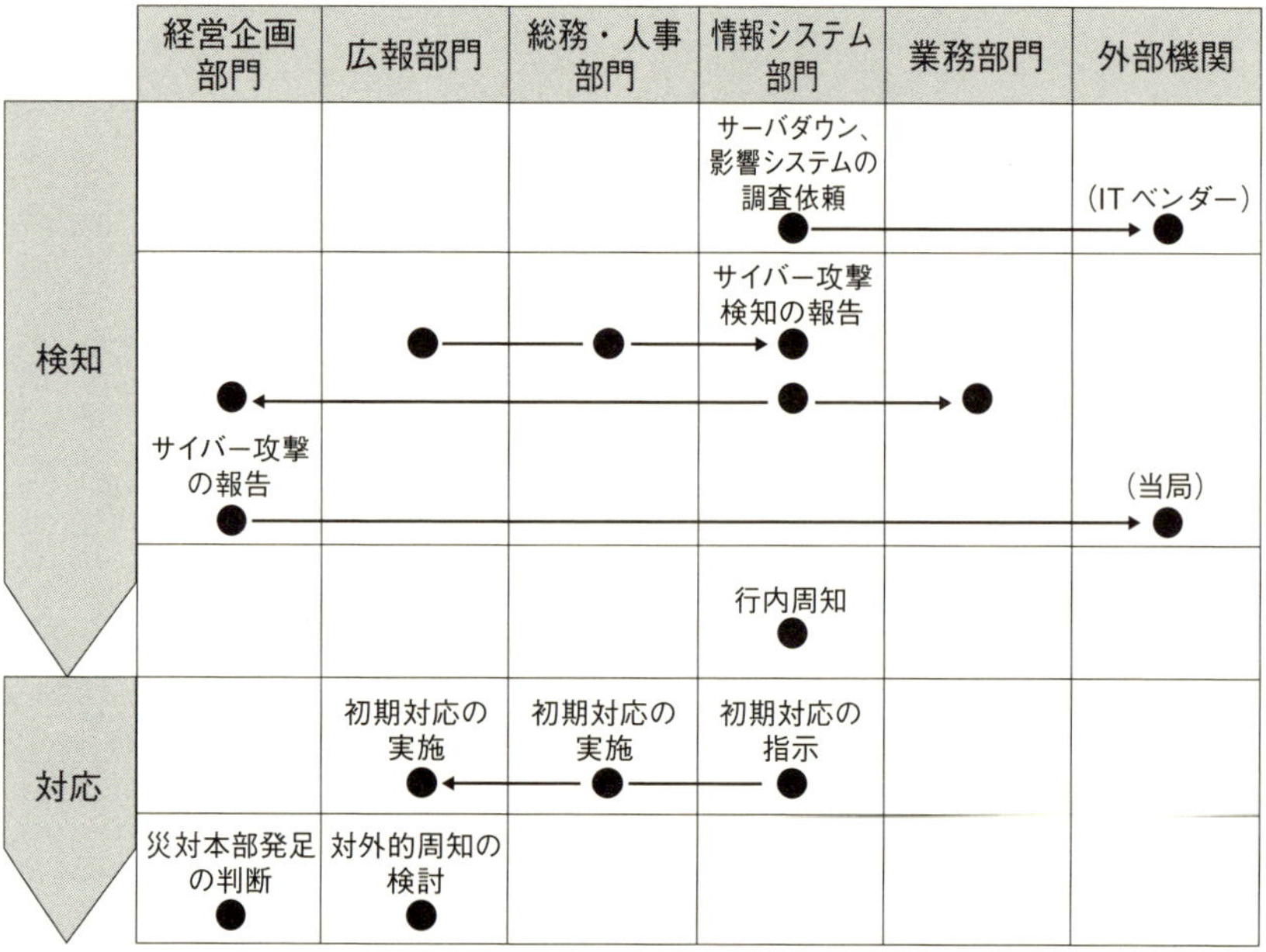

経営企画部門
広報部門
総務・人事部門
情報システム部門
業務部門
外部機関
検知
対応
サーバダウン、影響システムの調査依頼
（IT ベンダー）
サイバー攻撃検知の報告
サイバー攻撃の報告
（当局）
行内周知
初期対応の実施
初期対応の実施
初期対応の指示
災対本部発足の判断
対外的周知の検討

ンを併用し、評価する。評価手法についてはすでに例示したようにレーダーチャートなどの形式で可視化することが考えられる。ポイントは、演習に先んじて、「おそらくこの情報をインプットした場合、作業手順からこの部分が抜け落ちるのではないか」といったいわゆる「落とし穴」を意図的に設計し、演習を通じて検証することだ。すなわち、事務局は事前にサイバー攻撃のパターンや金融機関が陥りがちな作業手順を仮説レベルで用意することが肝要となる（図１１０）。事務局における仮説立案を含めた準備作業が有効に機能した場合、演習後に金融機関にフィードバックすべき情報の有意性が確保され、気づきを得た個社におけるその後の改善プランへの展開もスムーズとなるだろう。

業態別の作業としては、個社単位での評価結果を積み上げ、業態別の評価書を用意する。この場合、業態ごとの比較参照を容易とするための共通型の評価尺度をあらかじめ整えておくことが必要だ。個社のフィードバックと同様、業態別にレーダーチャートなどにより、その評価結果の差異が一目で把握可能となるような可視化が有効となろう。

おわりに

金融庁サイバーセキュリティ対策企画調整室における積極的な取組みが功を奏し、金融機関の経営層におけるサイバーセキュリティに対する問題意識はますます高じている。

こういった背景のもと、このところ、サイバーセキュリティ対策に関する問合せを金融機関の方から拝受する機会も増えつつある。金融機関には多くの外部事業者から、ハードウェア対策、回線制御、新たなソフトウェア機能の実装に関するプロモーションが相次いでいるが、これだけでよいのか?といった趣旨の問合せも多い。実際、金融庁が２０１６年10月に予定しているサイバーセキュリティ演習も、情報連携手順の確認に主眼を置いている。すでに金融機関においては、ＦＩＳＣのコンティンジェンシープラン策定の手引書などをベースとしたＩＴ－ＢＣＰが整備されているはずだ。まずは既存のＩＴ－ＢＣＰの再評価を実施し、そのうえで不足しているであろう内外のステークホルダーとの詳細な連携手順や判断基準などを追補することが求められる。具体的には、サイバー攻撃の予告を受けた際に迅速に緊急時対応へと移行するための対応態勢を構築することに加え、サイバー攻撃検知時の事後的な対応力の高度化が優先されるべきである。また、本書で述べたとおり、サイバーセキュリティ対策はＩＴ－ＢＣＰの一要素であり、ＩＴ－ＢＣＰは金融機関全体の有事対応手順を記したＢＣＰの一部である点をあらためて認識いただき、既存の手順類の再定義作業を積極的に推進願えたらとも思う。

なお、本書執筆中に熊本・大分両県を大規模な震災が襲った。今回の災禍でお亡くなりになった方や被災された多くの方に心よりお見舞い申し上げたい。

今回の熊本・大分における震災では、夜間にしかも二度にわたり震度6強以上の揺れが発生するなど、想定外の事象に多くの方が翻弄された。ある基礎自治体では本庁舎が使用不能となり、緊急時における住民サービス継続上の課題が脆くも発露した。金融機関における大規模な混乱は現時点で確認されてはいないものの、緊急時における預貯金の払戻し手順や現送ルートの再確認などのほか、基礎自治体の事例などをふまえ本店や営業店が使用不能となった場合の代替機能や手順についてもあらためて検証すべきだろう。

金融機関職員の方々がサイバーセキュリティにとどまらず、あらためてＢＣＰ全般について検討される際にわずかながらも本書を参考にしていただければ、筆者として望外の喜びである。

末筆ながら本書刊行に際しては、一般社団法人金融財政事情研究会理事の谷川治生氏より種々のご高配を賜ったほか、出版部の堀内駿氏にはさまざまな面で貴重なアドバイスを頂戴した。この場をお借りして心より御礼申し上げたい。

[は行]

[ら行]

[わ行]

[さ行]

[た行]

[な行]

事項索引

[英字]

[あ行]

[か行]

金融機関のための
サイバーセキュリティとBCPの実務

平成28年 8 月31日　第 1 刷発行
平成28年11月10日　第 2 刷発行

著　者　大　野　博　堂
発行者　小　田　　　徹
印刷所　奥村印刷株式会社

〒160-8520　東京都新宿区南元町19
発　行　所　一般社団法人 金融財政事情研究会
編 集 部　TEL 03(3355)2251　FAX 03(3357)7416
販　　売　株式会社 き ん ざ い
販売受付　TEL 03(3358)2891　FAX 03(3358)0037
URL http://www.kinzai.jp/

ISBN978-4-322-12897-0